02(右) 03(下) 小額
13×11cm 図案9ページ
(作品寸法／タテ×ヨコ)

04 巾着
26×21×4cm
図案10ページ

05 巾着
29×26×4cm
図案11ページ

12 タペストリー 107×46cm 図案24ページ

07 タペストリー 76×31cm 図案14ページ

06 タペストリー 83×32cm 図案12ページ

01 小額 17×11cm 図案8ページ

11 タペストリー 115×31cm 図案22ページ

10 タペストリー 101×31cm 図案20ページ

08 タペストリー 129×48cm 図案16ページ

09 タペストリー 142×46cm 図案18ページ

13 タペストリー 102×46cm 図案26ページ

14 タペストリー 98×46cm 図案28ページ

25「サンタクロース」 30×29cm 図案64ページ

26 文字「左馬」 32×30cm 図案65ページ

34 中人用半纏
65×46cm
図案78ページ

23「内裏雛」
53×45cm 図案62ページ

24「五月人形」
52×43cm 図案63ページ

27 文字「寅」 32×30cm 図案66ページ

28 文字「羊」 32×31cm 図案67ページ

16 タペストリー
128×81cm 図案34ページ

20 のれんⅠ
143 × 83㎝
図案 52 ページ
（カバー表・参照）

22 のれんⅢ
159 × 84㎝
図案 58 ページ
（カバー裏・参照）

21 のれんⅡ 143 × 80㎝ 図案55ページ

33 ベスト
50 × 46㎝ 図案 76 ページ

30 タペストリー「紫陽花」 78 × 48㎝ 図案70ページ

29 タペストリー「ブランコ」 80 × 48㎝ 図案68ページ

32 額「着物形」 58 × 41㎝ 図案74ページ

31 タペストリー「鯉」 68 × 80㎝ 図案72ページ

37 帯
370 × 30㎝
図案 82 ページ

35 小物入れ
9×13×2.5㎝（大）
8×11×3㎝（中）
7×9×2㎝（小）
図案 81 ページ
36 小物入れ（左）
10 × 11 × 3㎝
図案 81 ページ

(上17、下18の部分拡大)

17 タペストリー 182×84㎝ 図案38ページ

18 タペストリー 173×85㎝ 図案42ページ

15 タペストリー
91×83㎝ 図案31ページ

19 タペストリー 165×88㎝ 図案46ページ

■伝統のこぎん刺し■

こぎん刺し 作品図案集 -I-

髙木裕子著
Hiroko Takagi

はじめに

昨今、こぎん刺しの愛好家や作家志望の若者も多くなり、先々どの様な作品が生まれてくるのか、今後が楽しみになってまいりました。しかしながら、私のような一世代前の人間には、なかなかついていくのが大変な時代になりつつあるようです。

私はいつも「伝統」と言う言葉の意味を考えながら、その灯を消さぬよう一人でも呼び掛けをという気持ちでおりますが、時代の流れには伝統も必要ですしそれらを踏まえたうえで新しい流れも必要でしょう。私共も遅まきながら、こぎん刺しで作る小物作り教室（袋物など）を昨年より立ち上げ人形町教室で発足しましたところ、ことのほか人気を博しております。

本書では大作から小物まで、多くのこぎん刺し愛好の方々が参考になる図案を掲載しています。大きな作品に至っては作図の完成だけでも数ヶ月を要したものなども含まれています。近頃では、刺した布がたくさん手元にあると言う声も聞くようになり、小物なども参考にして頂ければとバラエティに富んだ内容となっています。また、先にこぎん刺しのパターン集を二冊ほど刊行いたしましたが、本書ではそのようなパターンをいかに布置・構成して一つの作品にまとめあげるかの手本になればとの思いもあります。どうぞ楽しんで刺してみてください。

昨年 11 月、フランス東部アルザス地方のコルマールにてNHK 文化センター主催の日本文化祭に出展いたしました。この催しには第 1 回目から参加しており、昨年の出展で早や 28 年目を迎えました。今回はフランス国営テレビの取材を会場で受け、私共の「こぎん刺し」がフランス全土に紹介されました。ゆっくりとではありますが「こぎん刺し」が世界各国に浸透していくことは何よりの喜びです。

本書がこぎん刺し愛好の皆様のお役に立てれば幸いに存じます。

この度の刊行にあたり、多くの方々にご協力賜りましたことを深く感謝いたします。　2015 年 髙木裕子

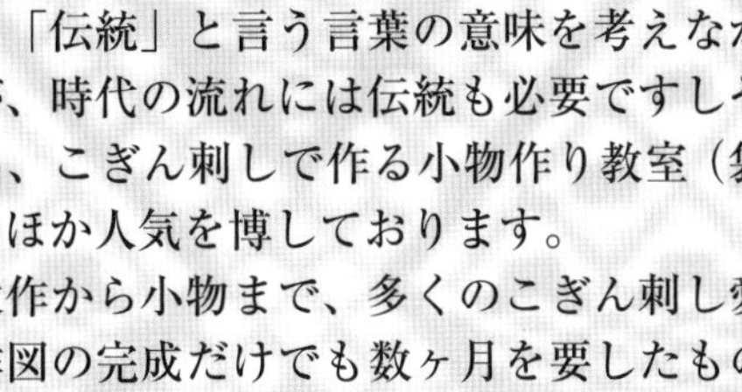

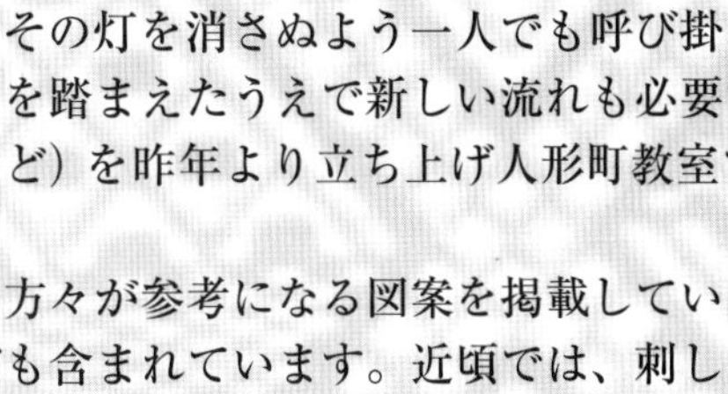

フランス国営テレビに取材を受ける著者

目　次

❖口 絵

1 ページ……………………………………
01 小額 /02、03 小額 /04、05 巾着 /06 タペストリー /07 タペストリー /08 タペストリー /09 タペストリー /10 タペストリー /11 タペストリー /12 タペストリー
2 ページ……………………………………
13 タペストリー /14 タペストリー /16 タペストリー /23「内裏雛」/24「五月人形」/25「サンタクロース」/26 文字「左馬」/27 文字「寅」/28 文字「羊」/34 中人用半纏
3 ページ……………………………………
20 のれんⅠ /21 のれんⅡ /22 のれんⅢ /29 タペストリー「ブランコ」/30 タペストリー「紫陽花」/31 タペストリー「鯉」/32 額「着物形」/33 ベスト /35、36 小物入れ /37 帯
4 ページ……………………………………
15 タペストリー /17 タペストリー /18 タペストリー /19 タペストリー

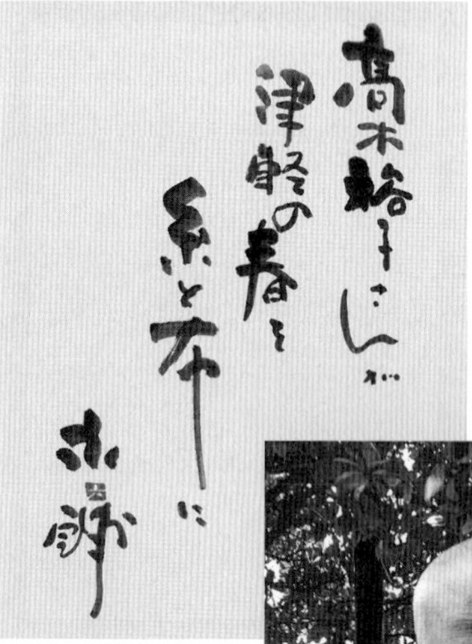

永　六輔氏
著者制作のこぎん刺しジャケットを着用

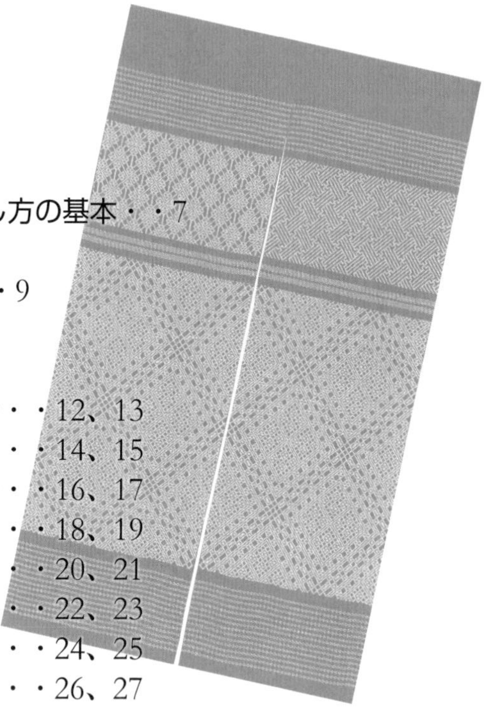

❖本 文

はじめに・・5
目次・・6
本書の見方・刺し方の基本・・7
01 小額・・8
02、03 小額・・9
04 巾着・・10
05 巾着・・11
06 タペストリー・・12、13
07 タペストリー・・14、15
08 タペストリー・・16、17
09 タペストリー・・18、19
10 タペストリー・・20、21
11 タペストリー・・22、23
12 タペストリー・・24、25
13 タペストリー・・26、27
14 タペストリー・・28～30
15 タペストリー・・31～33
16 タペストリー・・34～37
17 タペストリー・・38～41
18 タペストリー・・42～45
19 タペストリー・・46～51
20 のれんⅠ・・52～54
21 のれんⅡ・・55～57
22 のれんⅢ・・58～61
23「内裏雛」・・62
24「五月人形」・・63
25「サンタクロース」・・64
26 文字「左馬」・・65
27 文字「寅」・・66
28 文字「羊」・・67
29 タペストリー「ブランコ」・・68、69
30 タペストリー「紫陽花」・・70、71
31 タペストリー「鯉」・・72、73
32 額「着物形」・・74、75
33 ベスト・・76、77
34 中人用半纏・・78～80
35、36 小物入れ・・81
37 帯・・82、83
著者紹介・制作協力者・・84

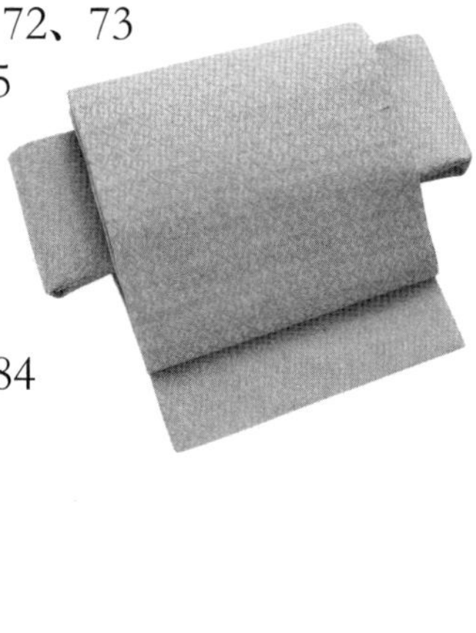

本書の見方・刺し方の基本

本書の見方

本書では作品の縮小全体図及び部分拡大写真・部分拡大図を掲載してあります。作品の全体図案を原寸で掲載することはスペースの都合上難しいため、全て縮小図案となっています。作品を制作する際は、本文中の全体図を適宜拡大コピーして使用してください。

❶ 拡大コピーする場合は原寸大まで拡大する必要は無く、目数がはっきり読み取れる大きさに拡大できれば、あとは実物の布目と対比しながら刺してみてください。

❷本書では大作も多く掲載していますので、縮小図案とはいえ１ページ中に収まらない全体図がほとんどです。従って数ページに渡る図案には合印線をつけてありますので、その合印線同士を合わせて使用してください。

❸ 部分拡大写真や拡大図はできるだけ掲載し、拡大図は全体図の中のどの部分かを薄墨色で明示してあります。

❹ 口絵および本文中に記してある作品寸法は、でき上がり寸法です。作品により折り返し部分や縫い代などを必要とする場合は、布を裁つ際に必要な幅や長さを見込んで大きめにとってください。

❺ 本書では色糸を使用した作品を掲載していますが、図案では各色の違いは墨色の濃淡で区分けしています。使用する糸の色もこれと言った決まりはありませんので、各自で好みの色を使い分けてください。

※ 1. 本書掲載の図案は実物作品の写真に比べ横長に見えますが、これは方眼図の枡目の比率が縦横１対１であるのに対し、実物の布目が必ずしも１対１の比率になっていないからです。刺した作品の絵柄が方眼図より多少縦長になったとしても、実際の刺し目の数に違いはありません。

※ 2. 図案を拡大する場合の目安 (本書は A4 サイズ)。

・A4 → B4 サイズに拡大 (約 122%の拡大)
・A4 → A3 サイズに拡大 (約 141%の拡大)
・A4 → B3 サイズに拡大 (約 173%の拡大)
・A4 → A2 サイズに拡大 (200%の拡大)

刺し方の基本

刺し始める前に、布の縁回りをかがってから刺し始めます。布目のほつれを防止するためです。布端から1cm内側のところを 0.7 ～ 1cm間隔にしつけ糸でかがっておきます。

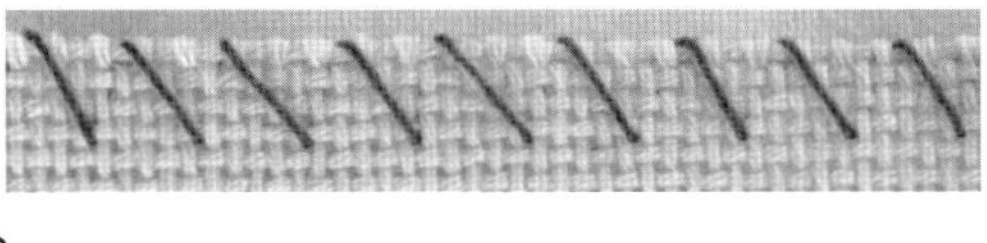

◆刺し始め

布の中心と図案の中心を合わせてから、刺し始めは中心に針を出し、まず中心の１段の左半分を刺します。次に布を持ち換えて向きを変え、針に右半分の糸を通し替えて右半分を刺します。これを真ん中の一段とします。続けて同じ糸で２段目を刺す場合は、刺し糸がつれないように２～3mmのゆるみを持たせて折り返します。２段が終わったら３段、４段と順に糸継ぎをしながら、下 (上) 側を全段刺し終え、同じようにして上 (下) 側を刺します。模様と模様が離れている場合は一模様ずつ刺す場合もあります。模様の配置が完全にできていれば、右下端から刺してもよいでしょう。具象柄の場合は、中心となるモチーフから刺していくと、全体の構成がまとまります。

◆糸の長さと糸継ぎ

糸の長さは、布幅の２～３倍プラス糸継ぎ分とゆるみ分を足して決めます。5 ～ 6cmの間隔で刺し進めると、糸がつれずに刺しやすいでしょう。布幅いっぱいに糸が渡る大きな作品の場合、２～３段ごとに糸継ぎをすることになり、糸継ぎ部分は重ならないよう全体に散らして、段の途中などで行います。糸継ぎする場合の糸端は糸を返さず、表側に出ないよう裏側をすくうようにして、刺し方向に３～４針縫い込み、糸を切ります。

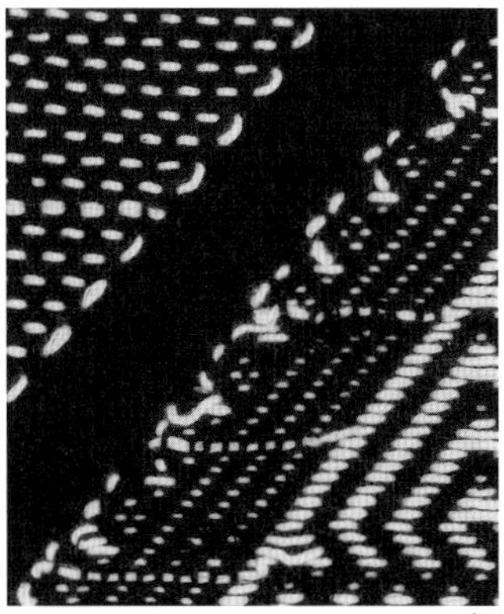

裏

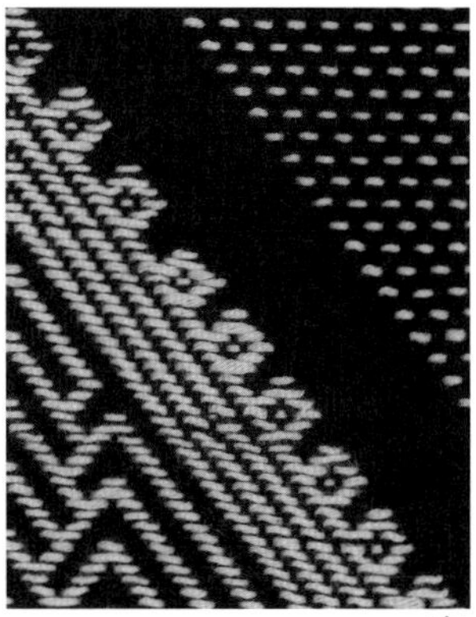

表

仕上げ方のいろいろ

◆縁の始末

タペストリーの場合、上下を三つ折りにして竹通しを作ります。三つ折りの幅は大作の場合 10cmくらい、小さな作品では 3cmくらいです。また、布の横糸をかがり糸にするため途中で切らないよう２～３段抜き、抜いた箇所を透かし風にしながら三つ折りをかがっていく方法もあります。裏側はそのままでもよいですが、お好みの裏地をつけたり、接着芯などを用いて仕上げてもよいでしょう。

◆額装の作品について

額装や色紙作品など、台紙や和紙に貼りつけるものは、貼りつける際に布目や糸目の水平・垂直を出すことが難しく、また反る原因にもなりますので、表具屋さんに依頼するのが確実です。この場合も縁回りは布目がほつれ易いので、しつけ糸でかがっておきます。

本書はこぎん作品を制作する元となる作品図案を収録した図案集ですので、各々の作品に関する具体的な刺し方・仕立て方等については掲載いたしておりません。スペースに余裕のある場合に限り、簡略化した仕立て図などを掲載いたしました。

現在では各地のお教室や講習会などで学んだり、各種の参考書や独習書なども市販されておりますので、詳しくはそちらをご覧ください。また一部の作品については、専門の業者に仕立てを依頼することも一つの方法です。

お教室は下記にお問い合わせください。

■こぎん刺し木曜会■
〒103-0013
中央区日本橋人形町 2-4-9 双葉ビル５階　TEL 03-3665-0002

作品01 小額 17 × 11cm（額：21 × 16cm）／口絵１ページ

拡大写真

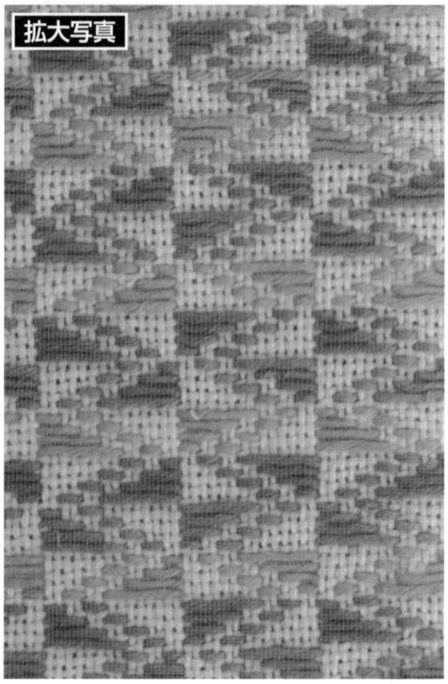

作品 01・全体図

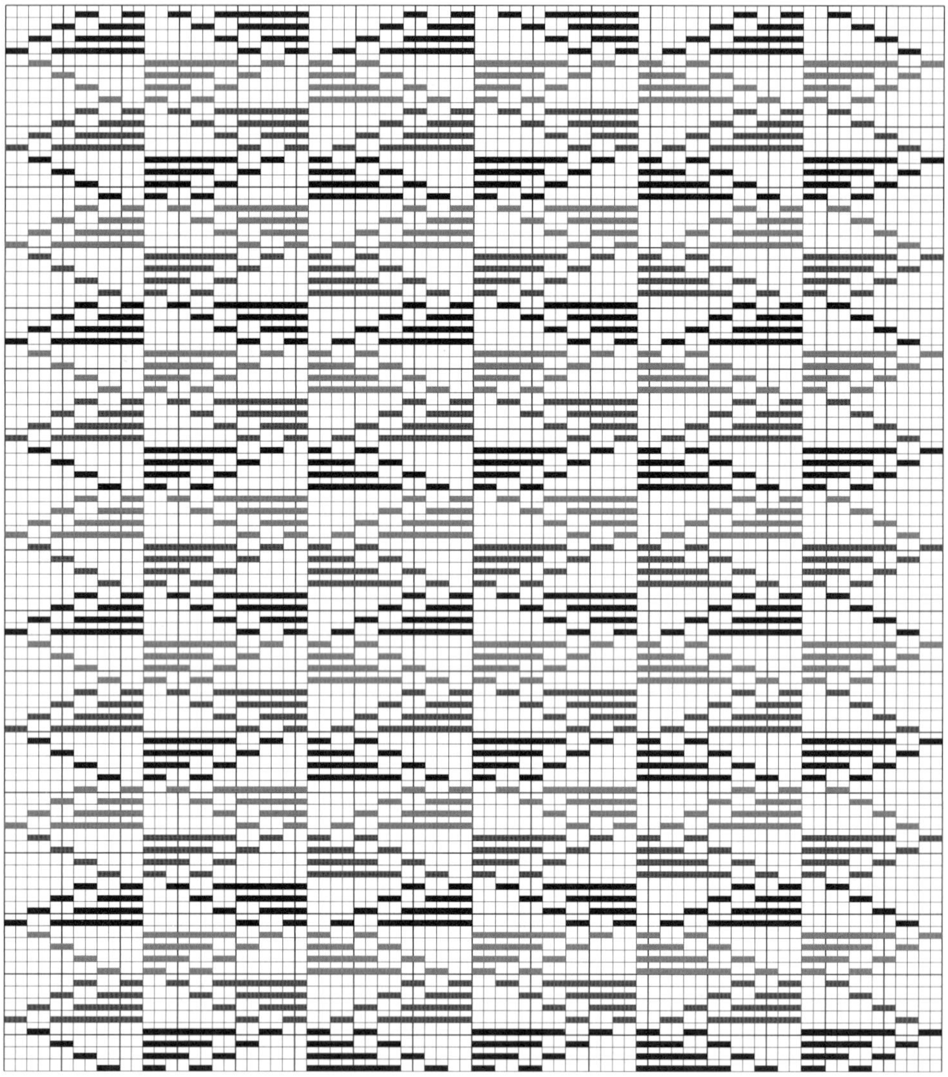

〈額の仕立て方〉

1柄を刺し終えたら接着芯を貼る（表布の色に合った接着芯を選びましょう）。
2額に入る大きさに裁断して額に飾る。

※接着芯を貼るときには布の織り目がゆがまないように注意します。布の上下左右を軽く引っ張るなどして、縦糸横糸が真っ直ぐになるよう整えてから貼ると見栄えよく仕上がります。
※接着芯を貼った後、四方をミシンで細かく縫うとさらにほつれにくくなります。表布に合った色の糸で額縁に隠れる位置を縫います。

パターン２

パターン２は上の作品と刺し糸の色を替え、上下に柄を延長した作品です。
刺し糸の色を替えたり柄を延長して額面一杯に刺すなど変化を加えてみるのも楽しいでしょう。

作品02 小額 13 ×11cm（額：21 ×18cm）／口絵１ページ

拡大写真

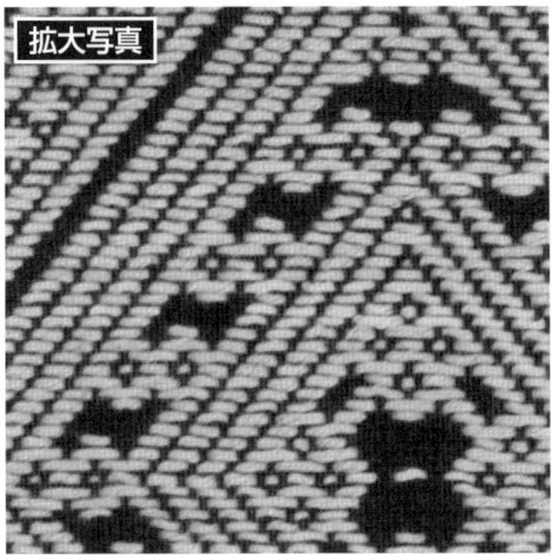

作品 02・全体図

作品03 小額 13 ×11cm（額：21 ×18cm）／口絵１ページ

拡大写真

作品 03・全体図

作品04 巾着 26 ×21 × 4㎝／口絵１ページ

作品 04・全体図

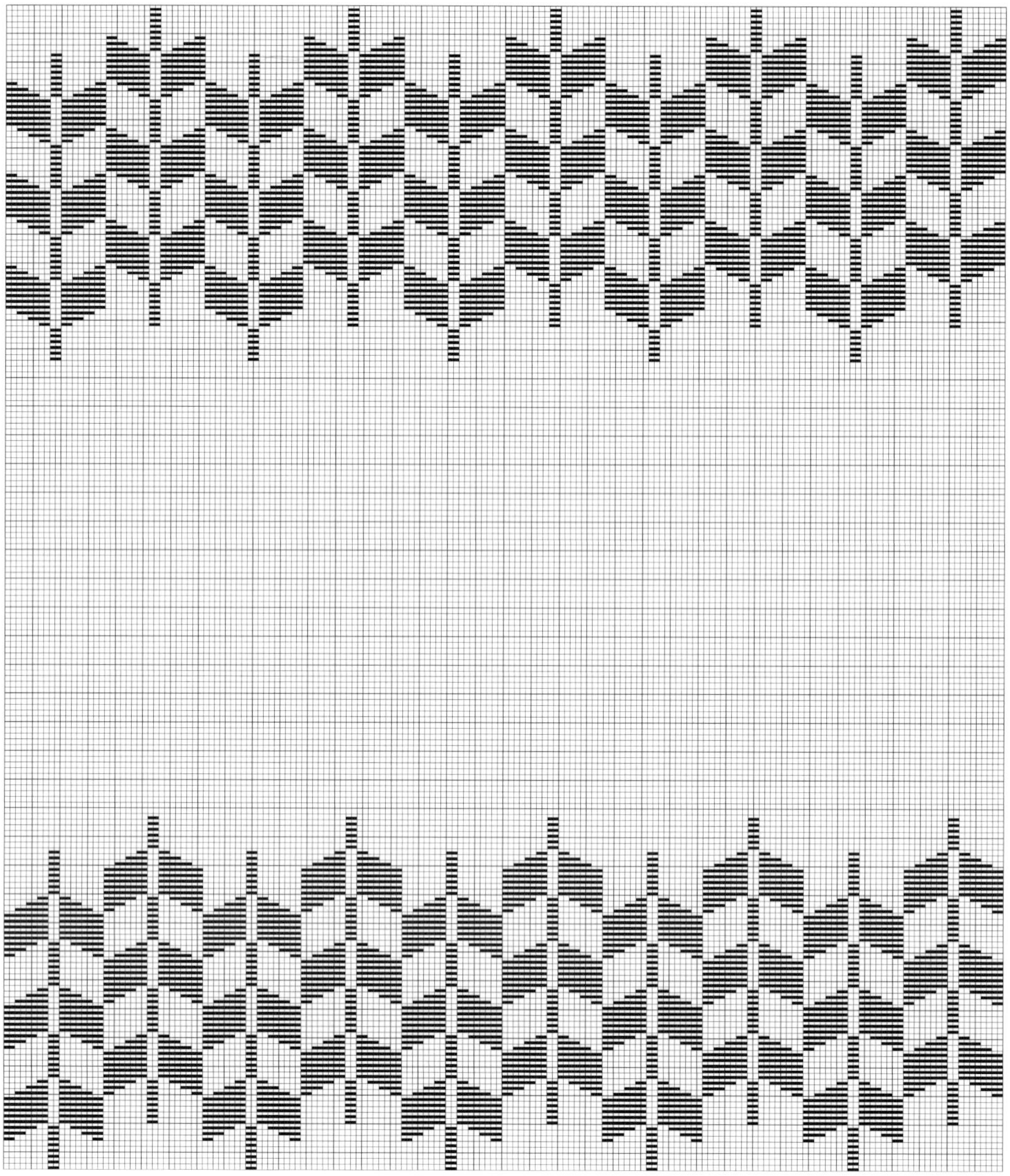

〈配置図〉 単位＝㎝

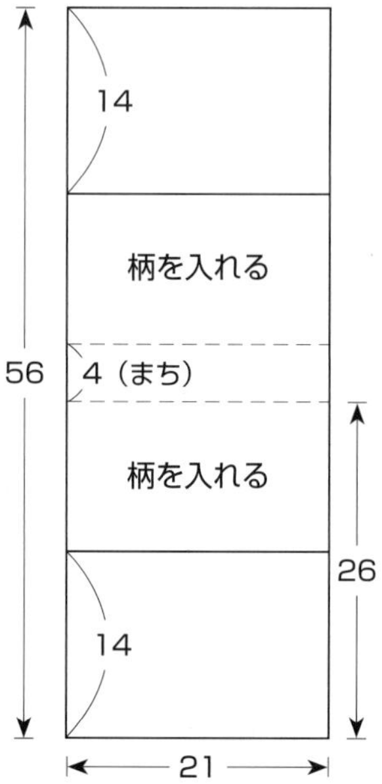

〈巾着の仕立て方〉

1 縫い代を 3㎝程とって布を裁つ。
2 両脇を縫い合わせ、底の両角を 4㎝縫ってまちを作る。
3 裏布も同様に縫って、表布と合わせて口側をくける。
4 口側を 14 等分してひも通しを作り、ひもを通す。

〈ひも通しの作り方〉

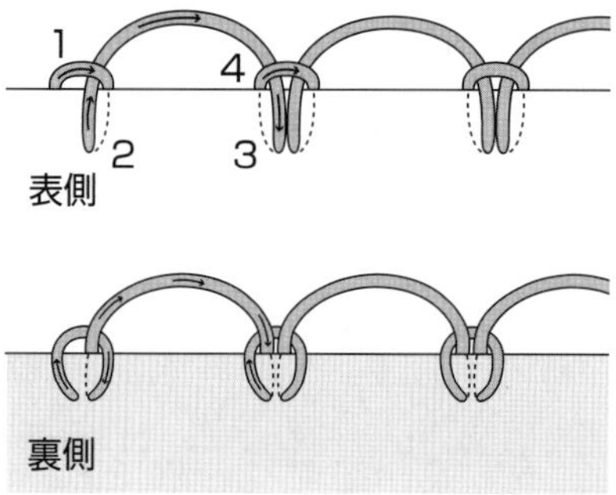

1 裏側に針を出し、輪を作る。
2 裏から表に針を出し、輪をくぐらせる。
3 表から裏に針を出し、輪を作る。
4 2、3を繰り返して口周りを１周する。

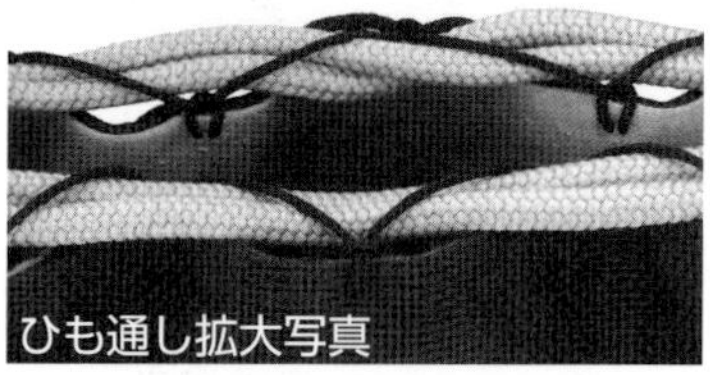

作品05 巾着 29 × 26 × 4cm／口絵１ページ

作品05・全体図

※墨色網伏せ箇所は縫い代などになる部分ですが、目安として使用してください。

※ひも通しは、別布で10本つけます。表布と裏布の間に挟み込み縫いつけます。

作品 06 タペストリー 83 × 32㎝／口絵 1 ページ

作品 06・全体図 /2-2

作品07 タペストリー　76×31㎝／口絵１ページ

拡大写真Ⅰ

拡大図Ⅰ

拡大写真Ⅱ

拡大図Ⅱ

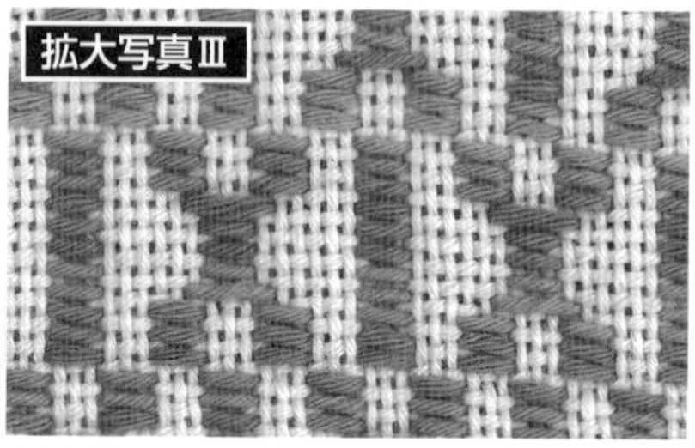
拡大写真Ⅲ

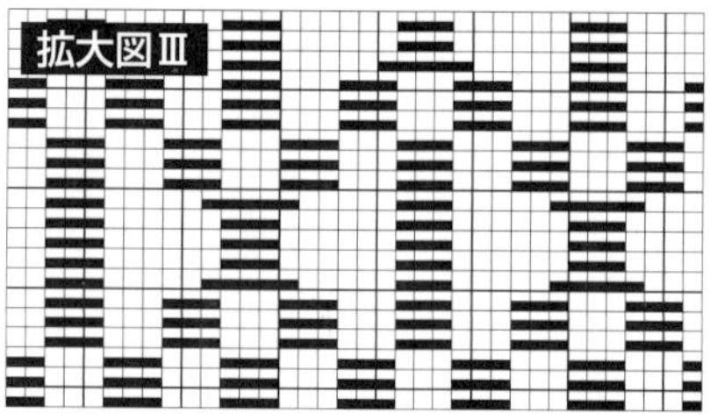
拡大図Ⅲ

作品07・全体図/2-1

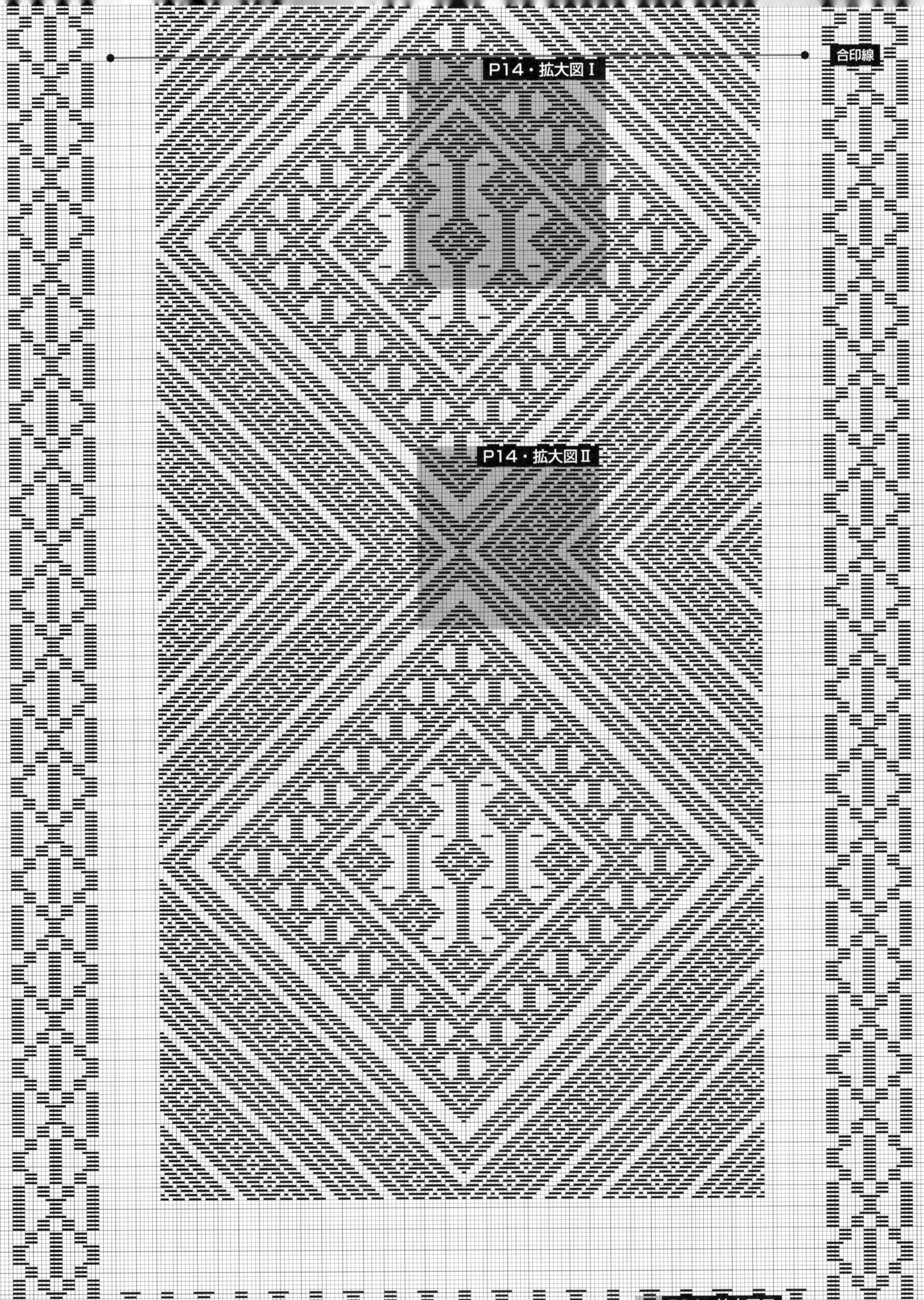
合印線
P14・拡大図Ⅰ
P14・拡大図Ⅱ
P14・拡大図Ⅲ

作品 07・全体図 /2-2

作品08 タペストリー 129×48cm／口絵１ページ

裏布 表布をしっかりさせたい場合は裏布をつけるとよいでしょう。雰囲気に合った材質、色を選んで使用します。
つけ方に決まりはありませんので、手縫い、ミシンなど作品に合った方法で仕上げましょう。

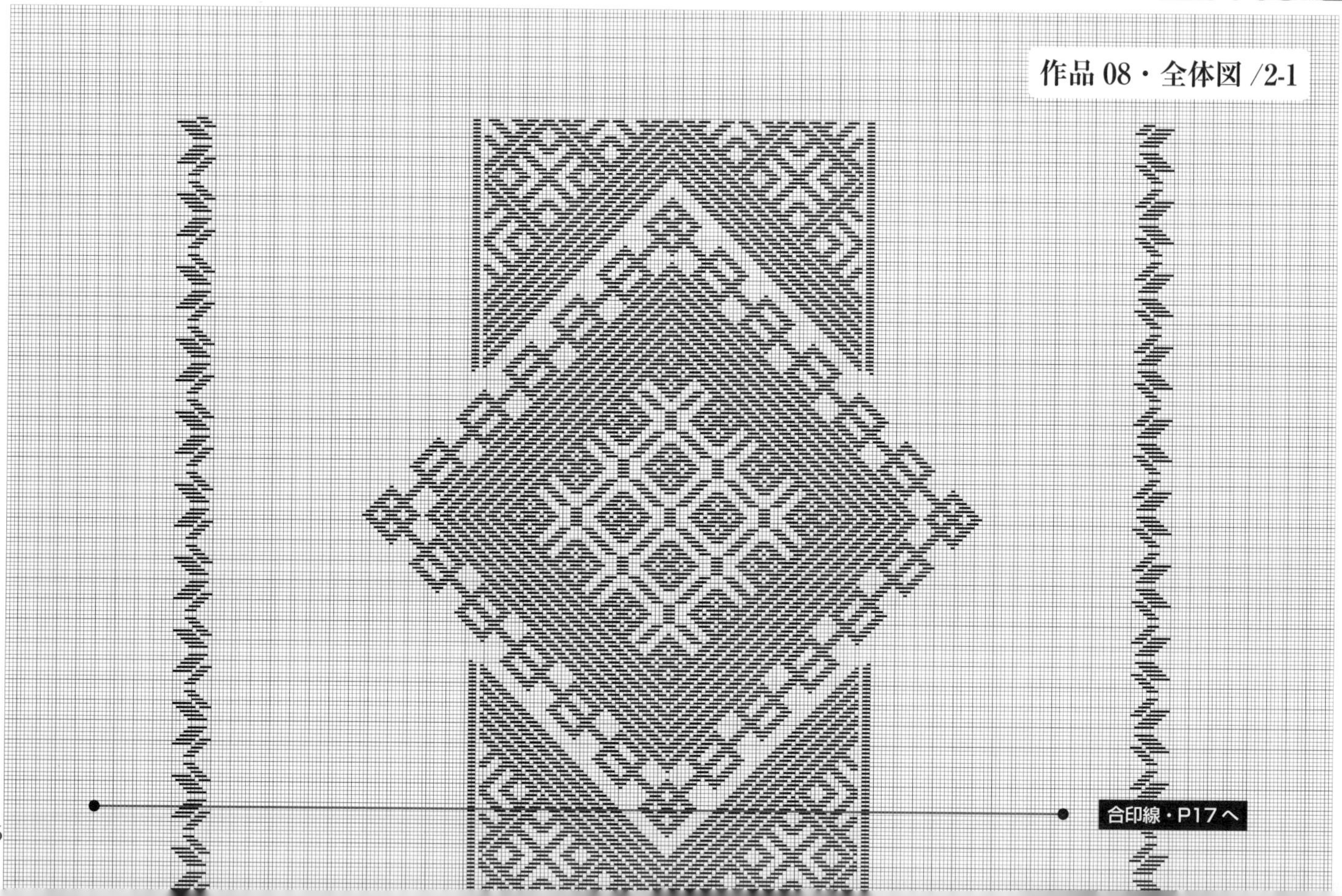

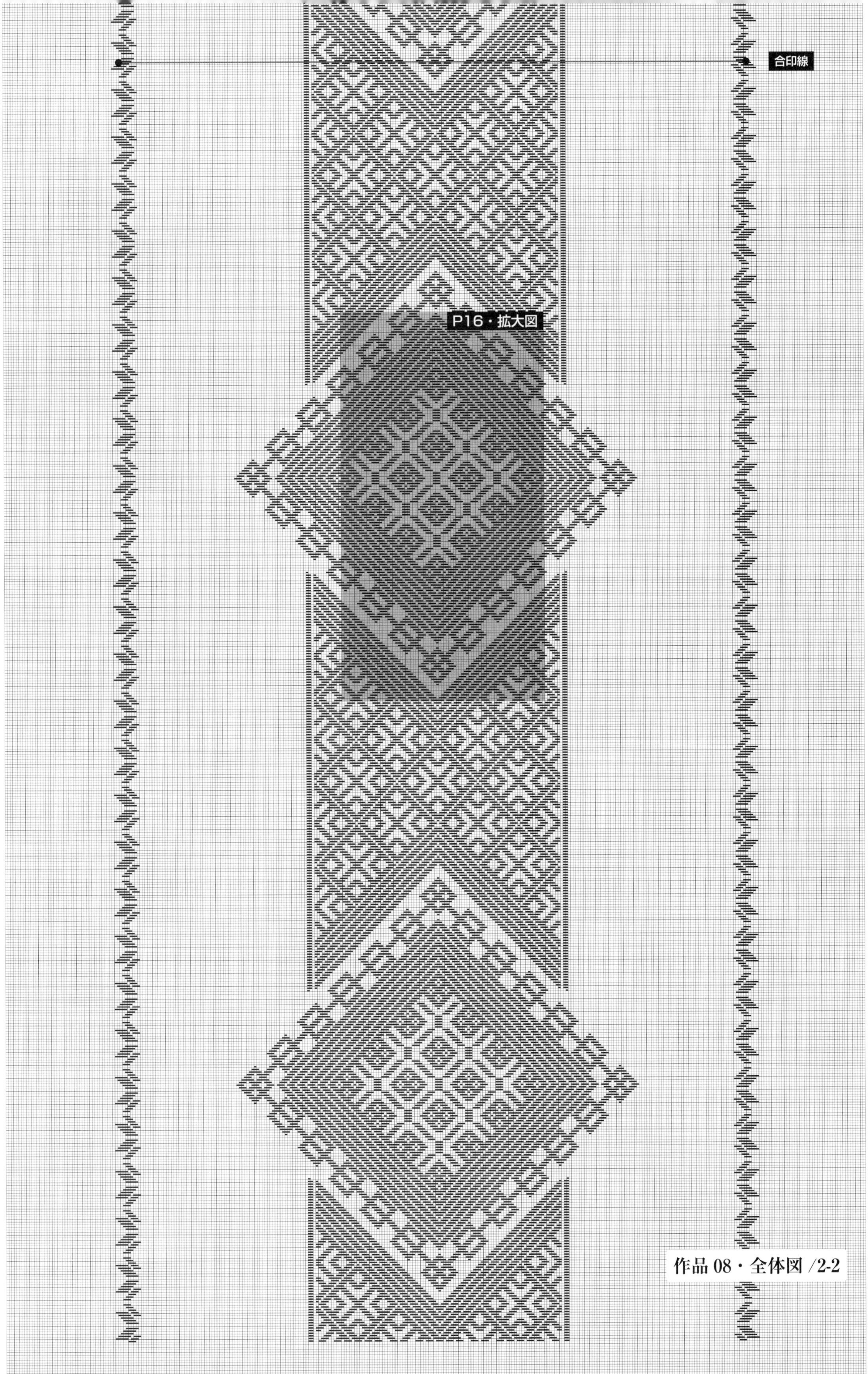

作品 08・全体図 /2-2

作品 09 タペストリー 142 × 46cm／口絵 1 ページ

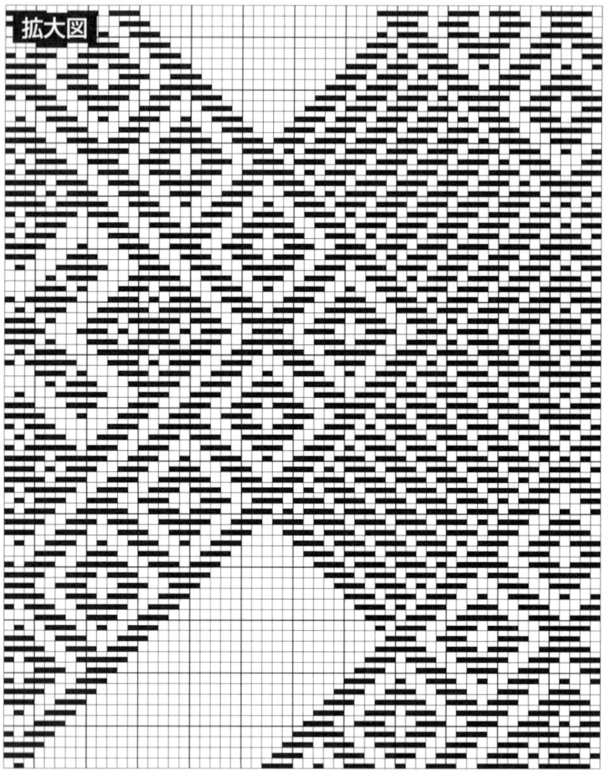

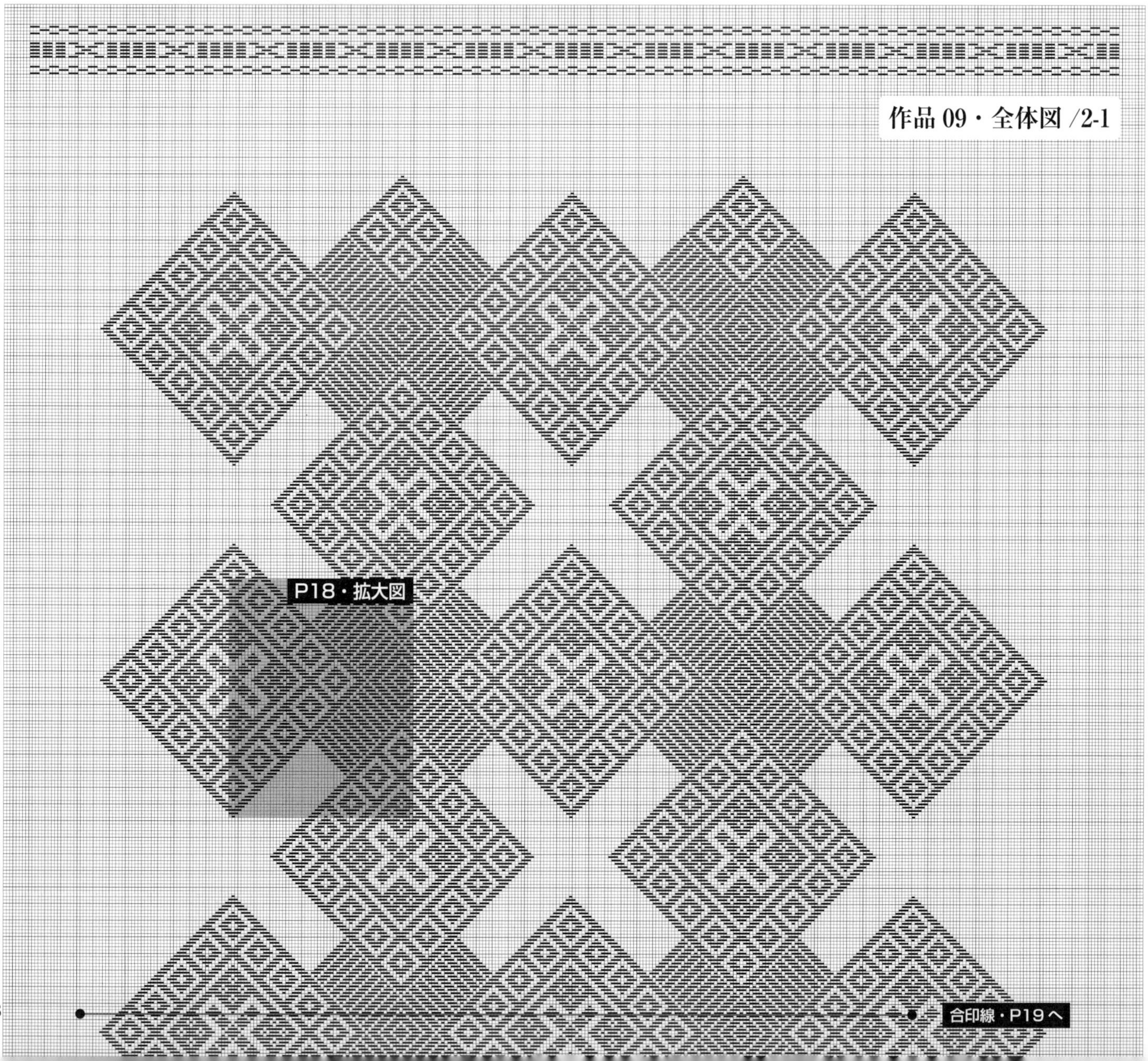

作品 09・全体図 /2-2

作品 10 タペストリー 101 × 31cm／口絵 1 ページ

拡大図 I

拡大写真 I

作品 10・全体図

P20・拡大図 I

P21・拡大図 II

合印線

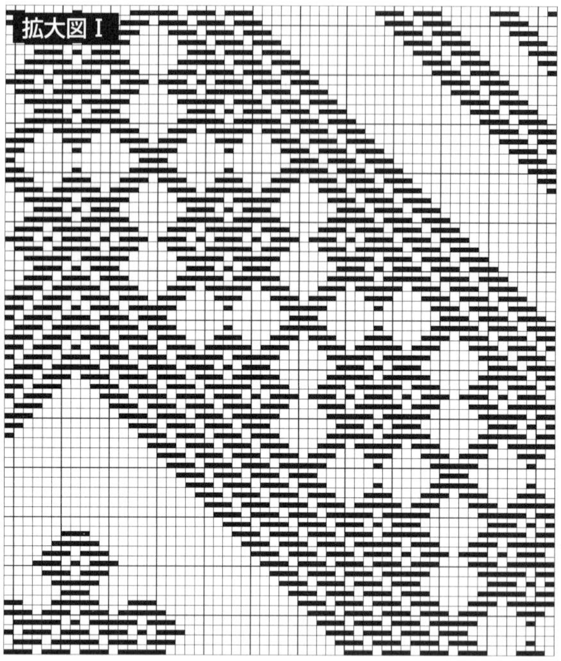

拡大写真Ⅱ

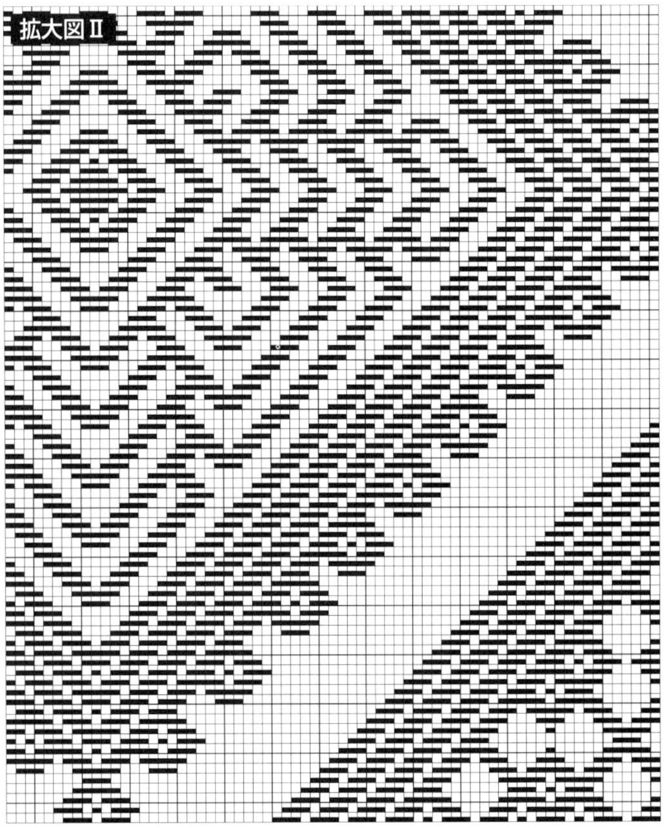
拡大図Ⅱ

作品11 タペストリー 115 × 31cm／口絵１ページ

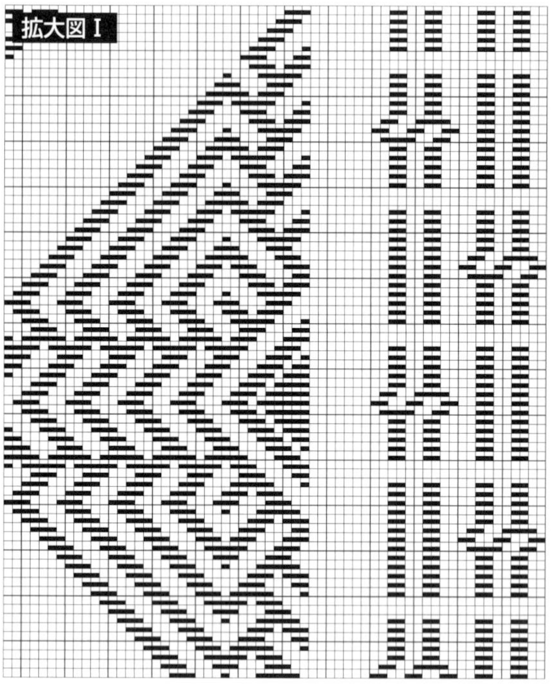

拡大図Ⅰ

拡大写真Ⅰ

作品11・全体図

拡大写真Ⅱ

拡大図Ⅱ

作品12 タペストリー 107 × 46cm／口絵 1 ページ

作品 12・全体図

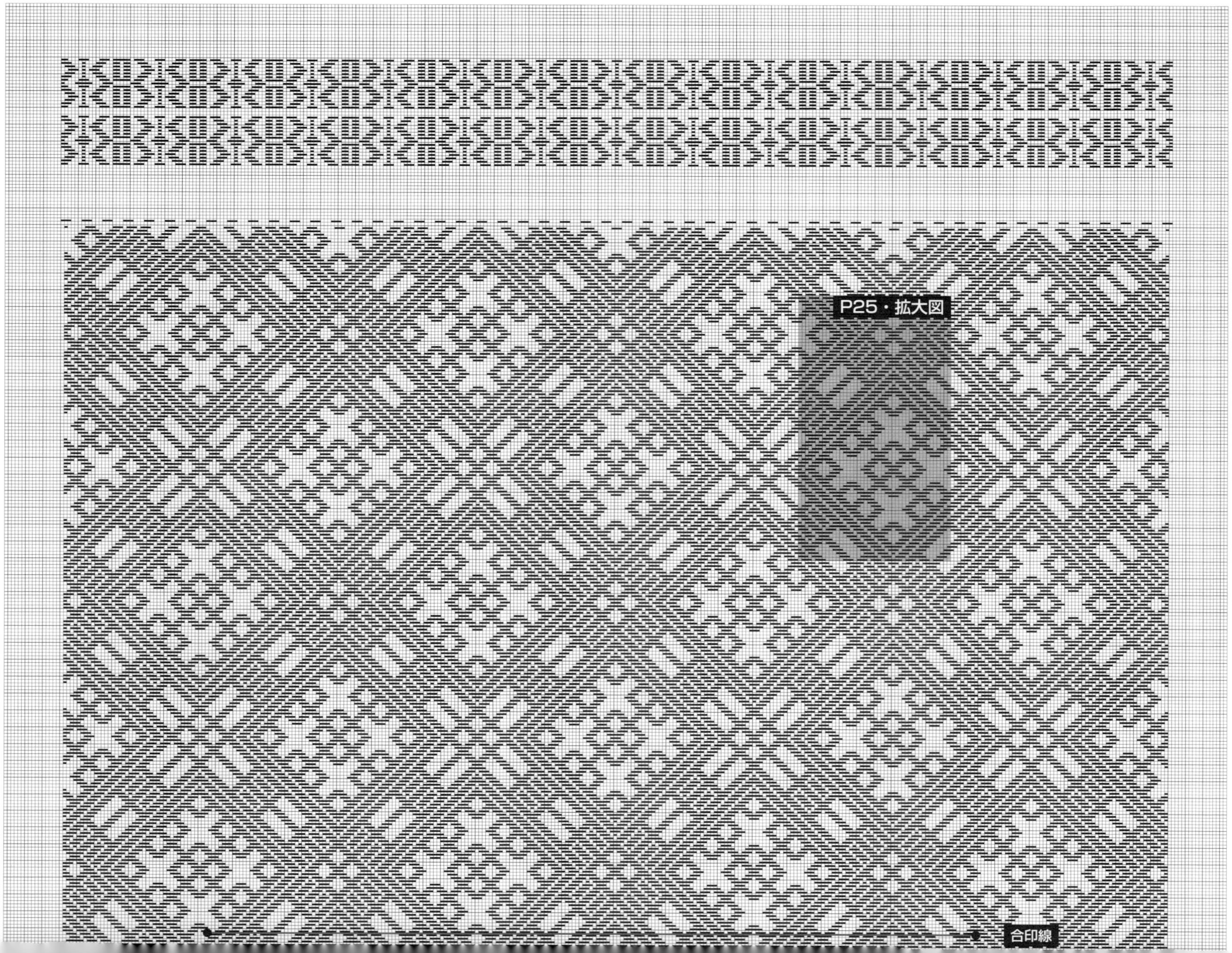

拡大写真

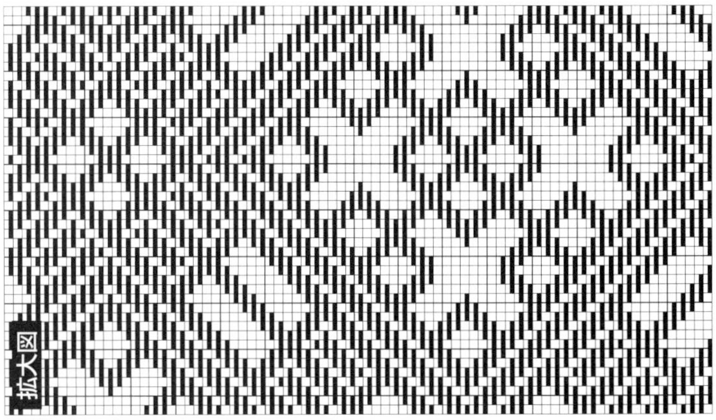
拡大図

作品13 タペストリー　102×46cm／口絵２ページ

作品 13・全体図

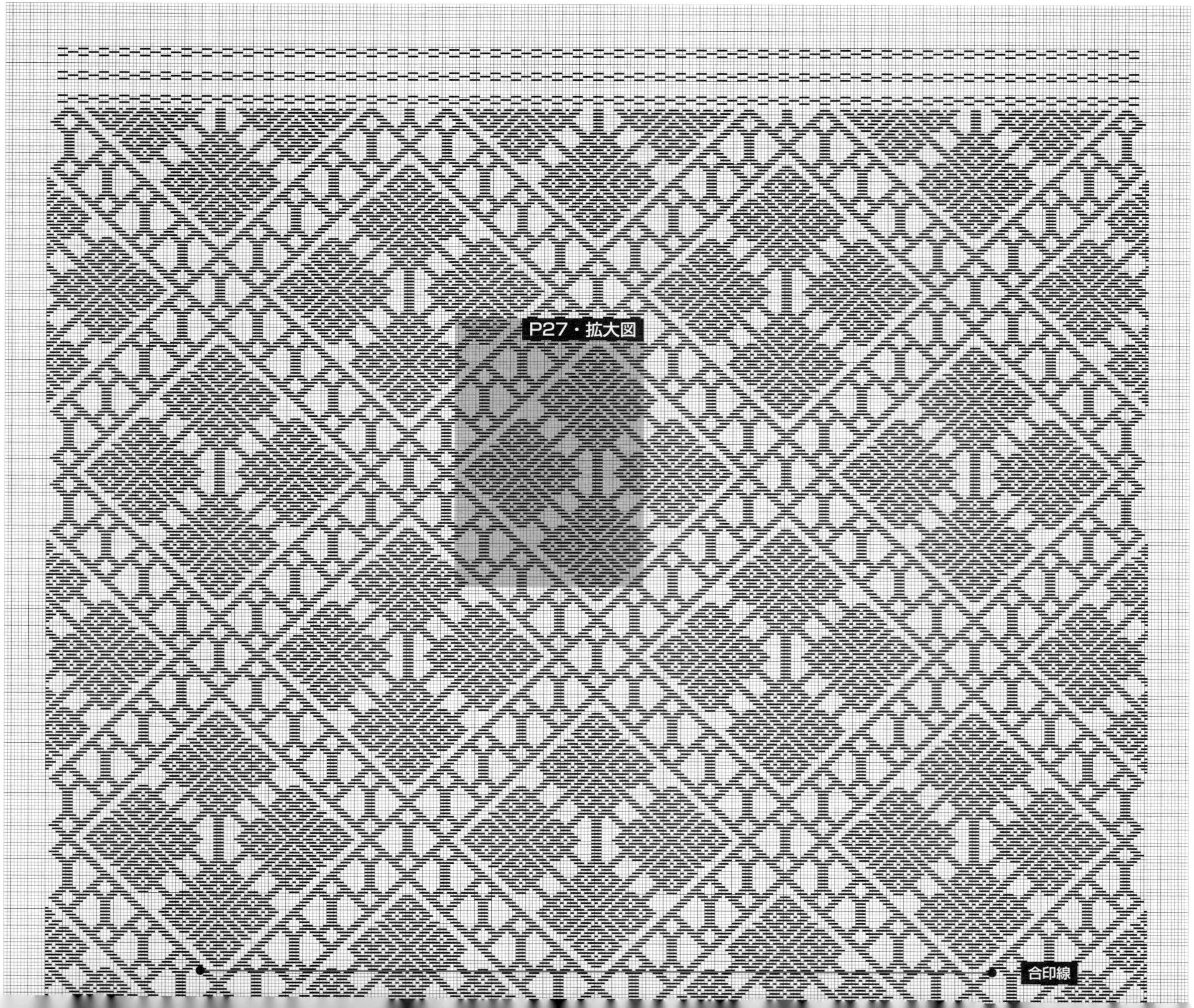

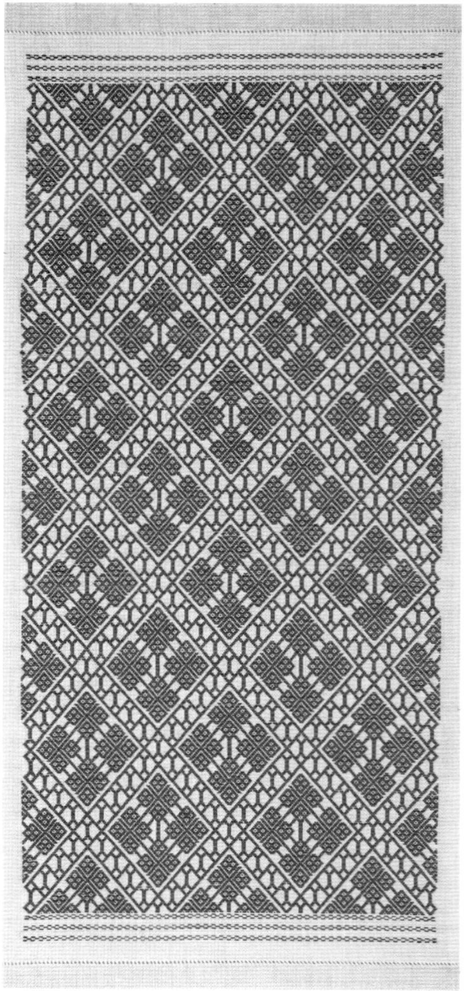

拡大写真

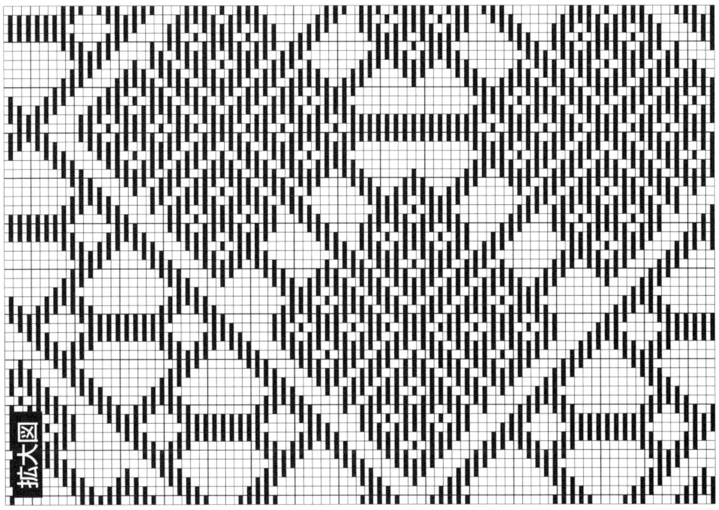
拡大図

作品14 タペストリー 98×46cm
／口絵２ページ

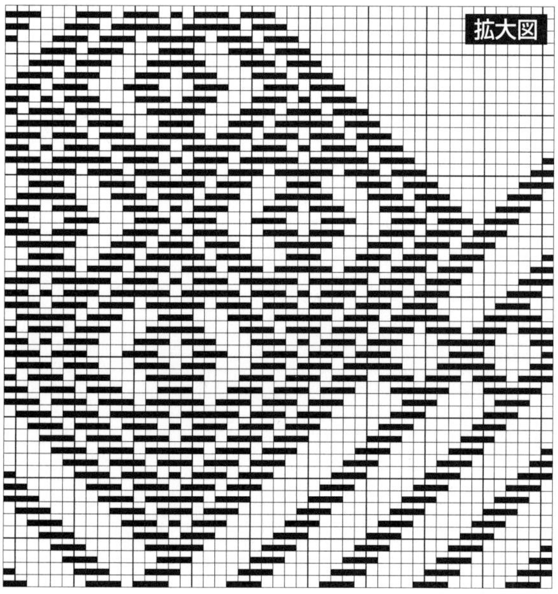

2015. 5　NO. 5

伝統のこぎん刺し

≪こぎん刺し基本材料≫頒布の ご案内

「こぎん刺し基本材料」として、作品を制作する上で、必要となる基本的な材料をご用意致しました。いずれも基本となる必須の材料ですので、是非、ご活用ください。お申し込みは下記要領をご覧ください。

こぎん作品を制作する上で必須のこぎん専用針、布地、糸を頒布します。
針は特注のこぎん専用針で５本セットとなります。

（品　　名）	（頒布価格 / 税込）	（送　料）	（内　　容）
こぎん針	1.800円	700円	こぎん刺し専用特注針 /5本セット。
コングレスクロス（生成・浅葱・紺）	① 32㎝巾×１㍍@ 3.000円	一律 1,000円（1万円以上は無料）	木綿平織地で、こぎん刺しに最適です。色は生成・浅葱・紺の三色があります。32巾と50巾があり、90巾は紺のみとなります。価格は1m当たりの金額です。**メーター単位で頒布いたしますので、ご注文の際に色とメーターをご指定ください。**（指定が無い場合は、1mとします）
	② 50㎝巾×１㍍@ 3.700円		
	③ 90㎝巾×１㍍@ 5.500円（紺のみ）		
麻平織地（生成・紺）	④ 50㎝巾×１㍍@ 4.730円		麻の平織地で、主に帯やタペストリーに使用します。色は生成・紺の二色で、50巾と90巾（紺のみ）です。価格は1m当たりの金額です。**メーター単位で頒布いたしますので、ご注文の際に色とメーターをご指定ください。**（指定が無い場合は、1mとします）
	⑤ 90㎝巾×１㍍@ 5.500円（紺のみ）		
糸各種 各色共、約45m巻き	生成　360円		木綿の甘縒りの糸（8本縒り）で形状はかせ。約13㌘
	紺　360円		木綿の甘縒りの糸（8本縒り）で形状は丸。約10㌘
	茶　360円		木綿の甘縒りの糸（8本縒り）で形状は丸。約10㌘
	カラー染　360円		木綿の甘縒りの糸（8本縒り）2～3色を使った、段染め風。色はオレンジ系統です。

※1）こぎん針のみのご注文の場合、送料は700円です。
針と糸、布地を同時ご注文の場合、数量に拘わらず、送料は一律1,000円となります。購入代金が１万円以上の場合は無料です。（但し沖縄および一部離島を除きます）

お申し込み方法

■下記の「申し込み用紙」にご希望の商品と個数を明記のうえ、代金合計に送料を加えた金額を、現金書留か郵便振替で以下の申し込み先までご送金ください。発送は代金の入金後となりますので、ご了承ください。
なお、商品を代金引換でご希望の方は、申込書の代引希望を○印で囲んでください。

■お申し込み先／〒113-0033 東京都文京区本郷４丁目13-7　電話 03-3813-8331　FAX03-3813-8333
株式会社 マコー社「こぎん刺し基本材料」代理部係　郵便振替／00190-9-78826

■お願い／お手元に商品が届くまで、ある程度の日数を要します。ご注文を受けた日から１週間前後かかる場合もございますので、予めご了承ください。なお、価格が改正になる場合もございます。
表示価格には消費税額8%が含まれております。（平成27年４月１日価格改定）

キリトリ

≪こぎん刺し基本材料≫「申し込み用紙」

2015. 5　NO. 5

ご希望商品名			数　量	金　額	送　料
こぎん針（5本組）			個	円	700円
コングレスクロス	生成	32㎝巾	①　m	円	一万円未満 一律に一、〇〇〇円（一万円以上無料）
		50㎝巾	②　m	円	
	浅葱	32㎝巾	①　m	円	
		50㎝巾	②　m	円	
	紺	32㎝巾	①　m	円	
		50㎝巾	②　m	円	
		90㎝巾	③　m	円	
麻平織地	生成	50㎝巾	④　m	円	
	紺	50㎝巾	④　m	円	
		90㎝巾	⑤　m	円	
こぎん糸		生成	個	円	
		紺	個	円	
		茶	個	円	
		カラー染	個	円	

代引希望　←○で囲んでください。

時間指定	午前中	12～14時	14～16時	16～18時	18～20時	20～21時

上記合計金額 Ⓐ　円

Ⓐ お品代金合計	Ⓑ 送料・梱包料	Ⓒ 代引手数料	お支払合計（Ⓐ＋Ⓑ＋Ⓒ又はⒶ＋Ⓑ）
	１万円未満 一律 1000円 / １万円以上 無料	一律 324円	円

〒
ご住所

TEL
携帯

（ふりがな）
お名前

お申込日　平成　年　月　日

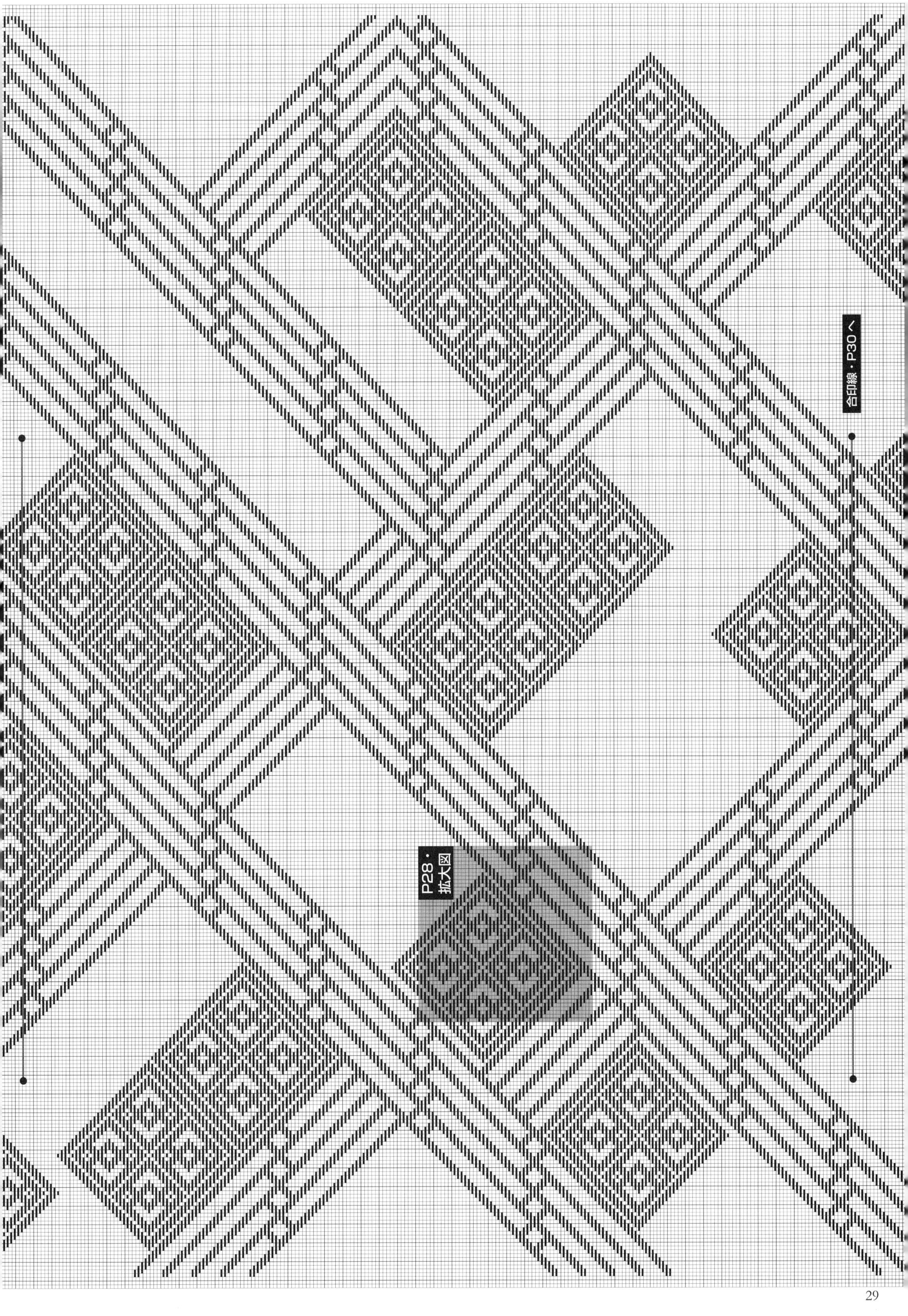
P28・拡大図
合印線・P30へ

作品 14・全体図 /2-2

作品15 タペストリー　91×83cm／口絵４ページ

縁の始末（三つ折り）

三つ折りの幅は、大きい作品の場合は約８～10cm、小・中作品の場合は約3cmとります。

1. 横糸を２～３段抜き、布端を三つ折りにして、しつけをする。
2. 抜いた横糸で、折山の横糸２段縦糸３本の位置に針を出し、糸を抜いた部分の縦糸３本をすくう。
3. ２を繰り返し、端までかがっていく。

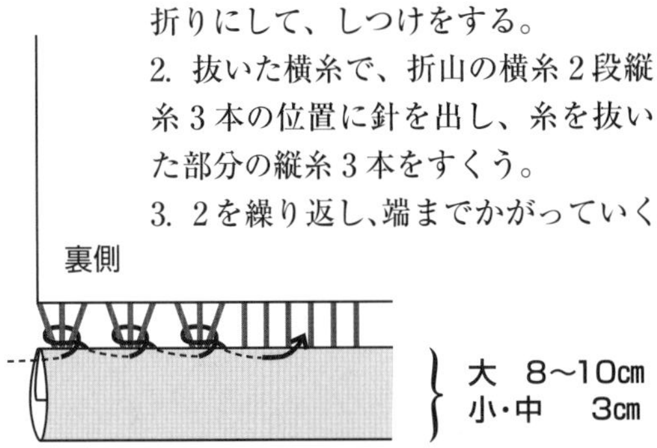

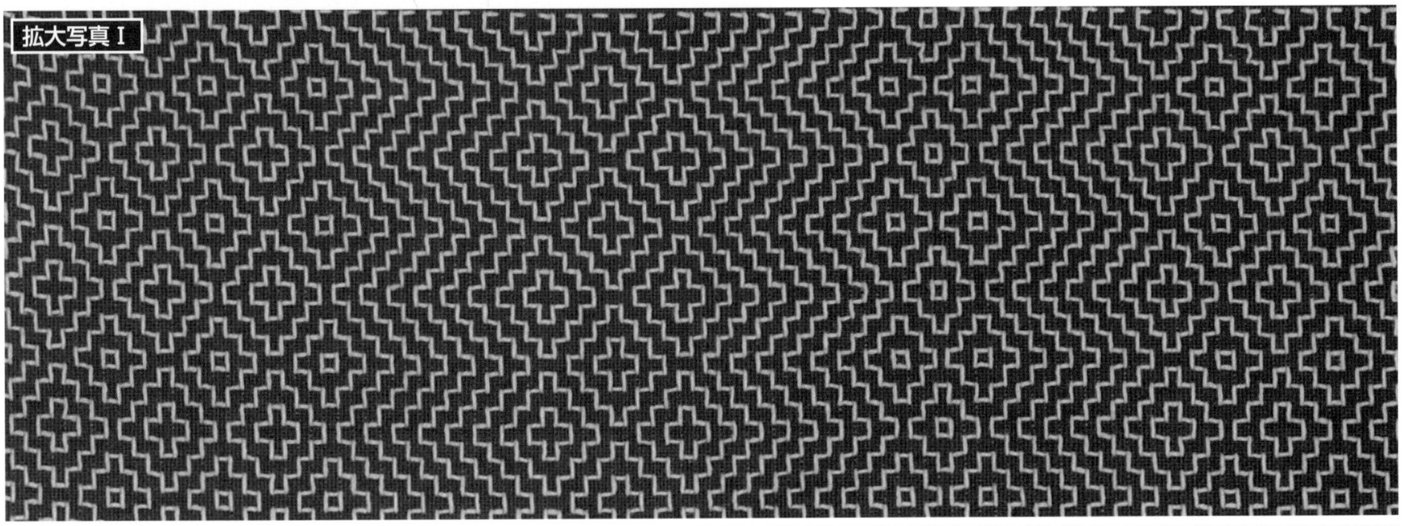
拡大写真Ｉ

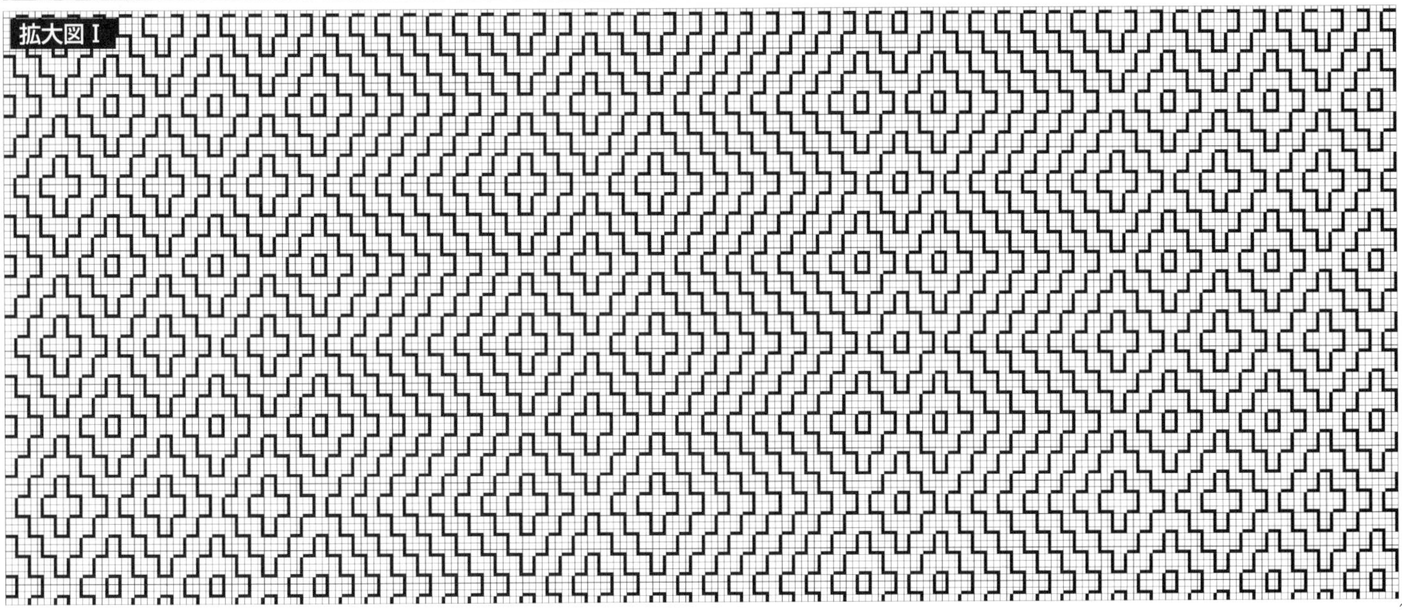
拡大図Ｉ

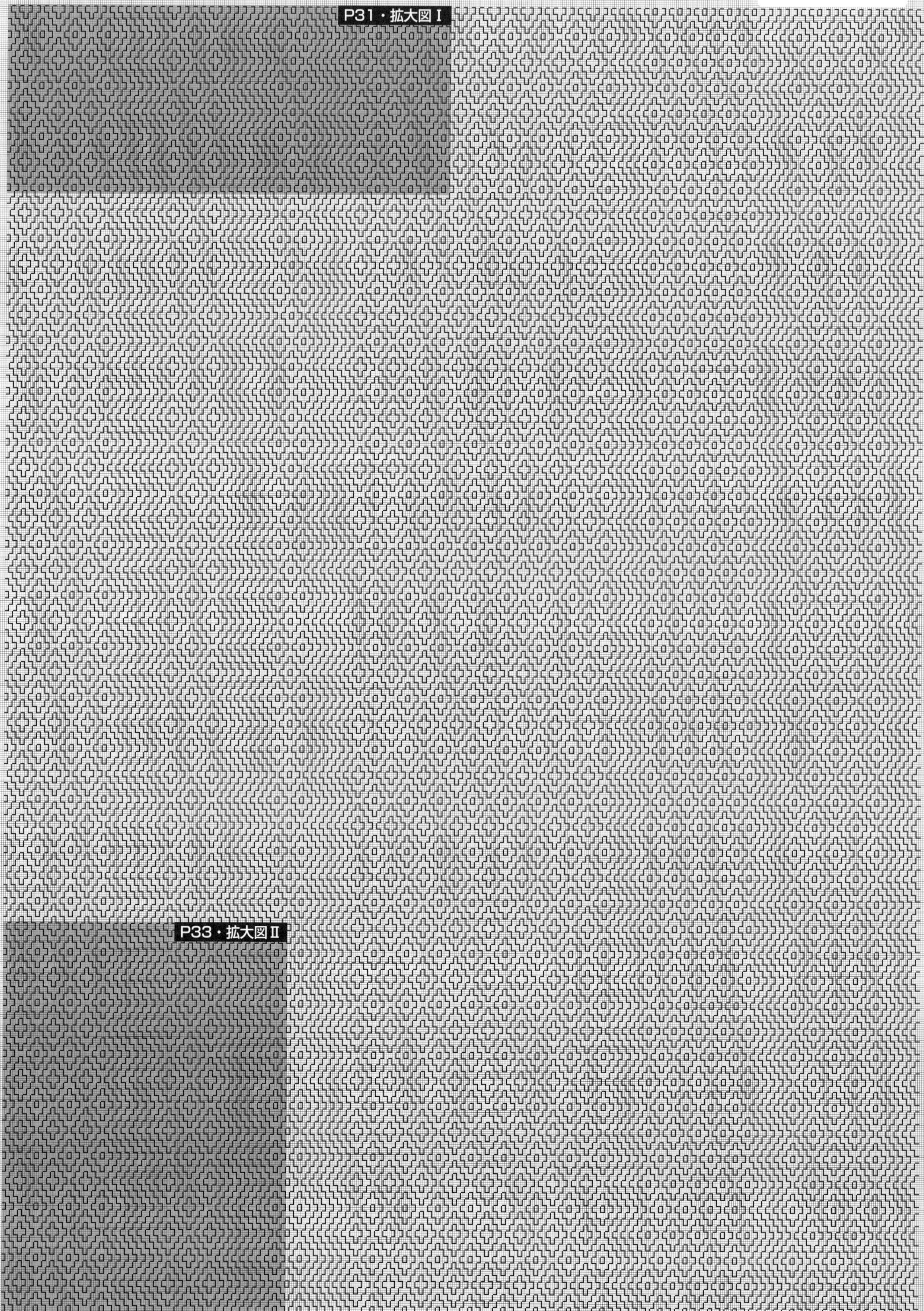
P31・拡大図Ⅰ
P33・拡大図Ⅱ

拡大図Ⅱ

※この拡大図Ⅱは横糸がどの様に刺してあるか、縦糸を刺す前の横糸の渡り方を示しています。この図を参考に縦糸を変化させれば、様々な柄のバリエーションを表現することができます。
(この上部の図に縦糸を刺すと、下部のような柄を表現できます。縦糸を変化させることにより、違った柄を作り出せます。)

作品16 タペストリー 128 × 81cm／口絵２ページ

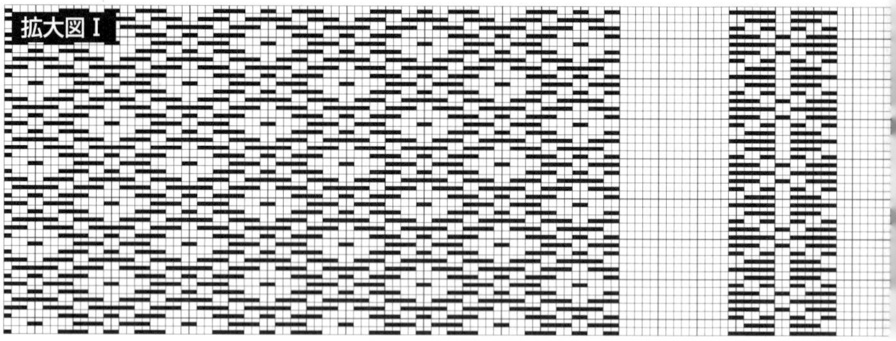

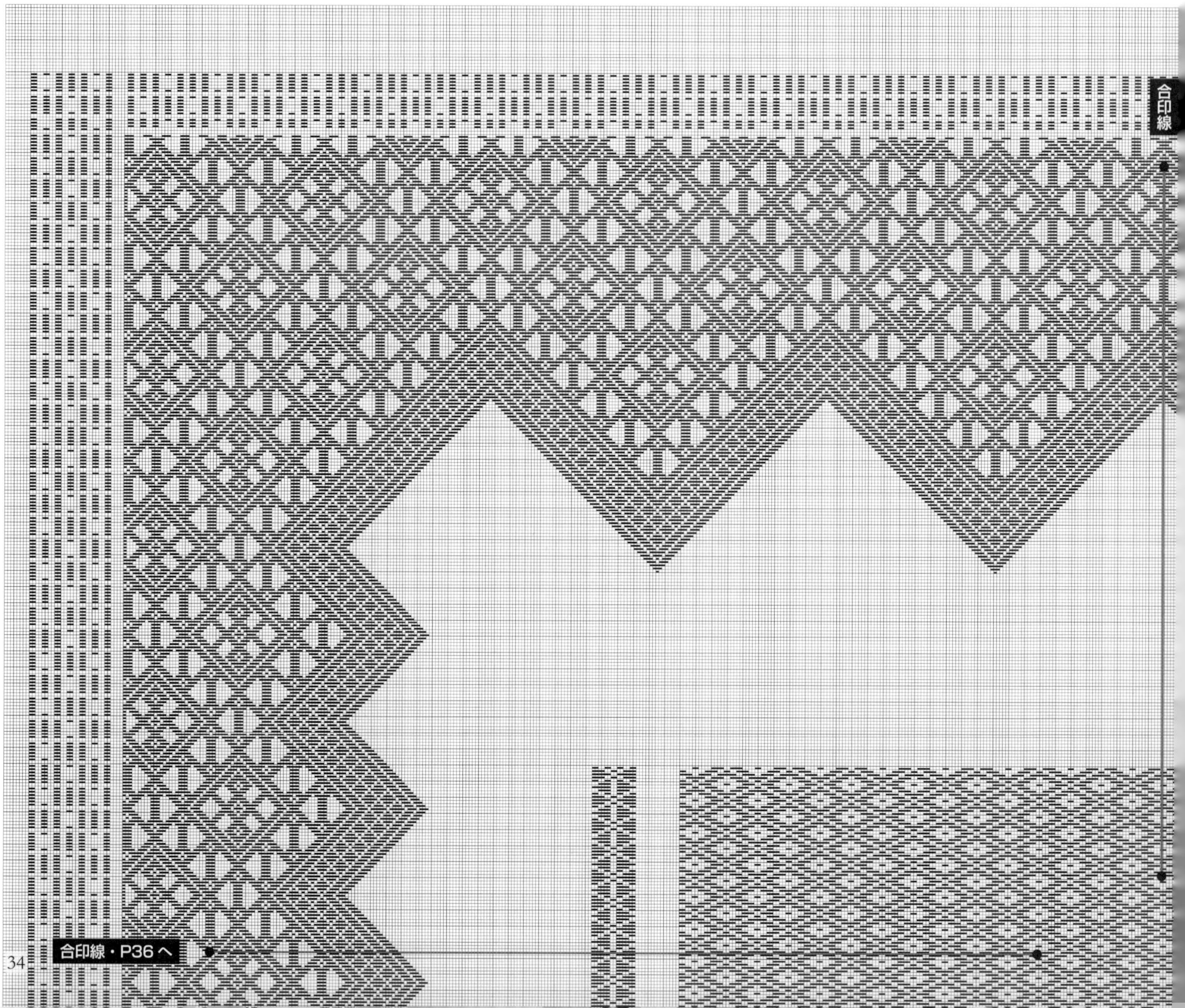

拡大写真Ⅱ

拡大図Ⅱ

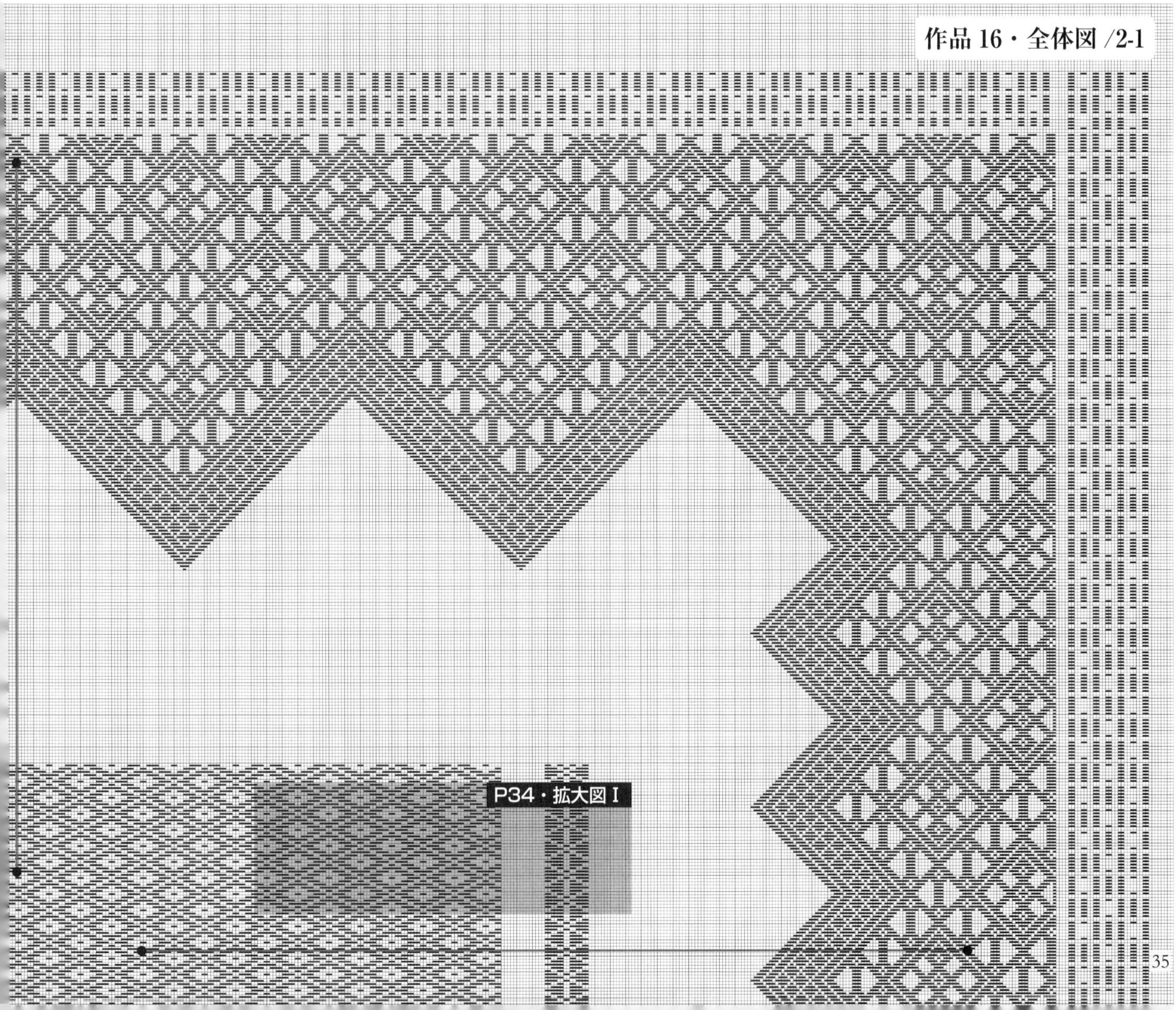

合印線
合印線

作品 16・全体図 /2-2

作品17 タペストリー 182 × 84cm／口絵４ページ

拡大図Ⅰ

拡大写真Ⅰ

拡大写真Ⅱ

拡大図Ⅱ

拡大図Ⅲ

拡大写真Ⅲ

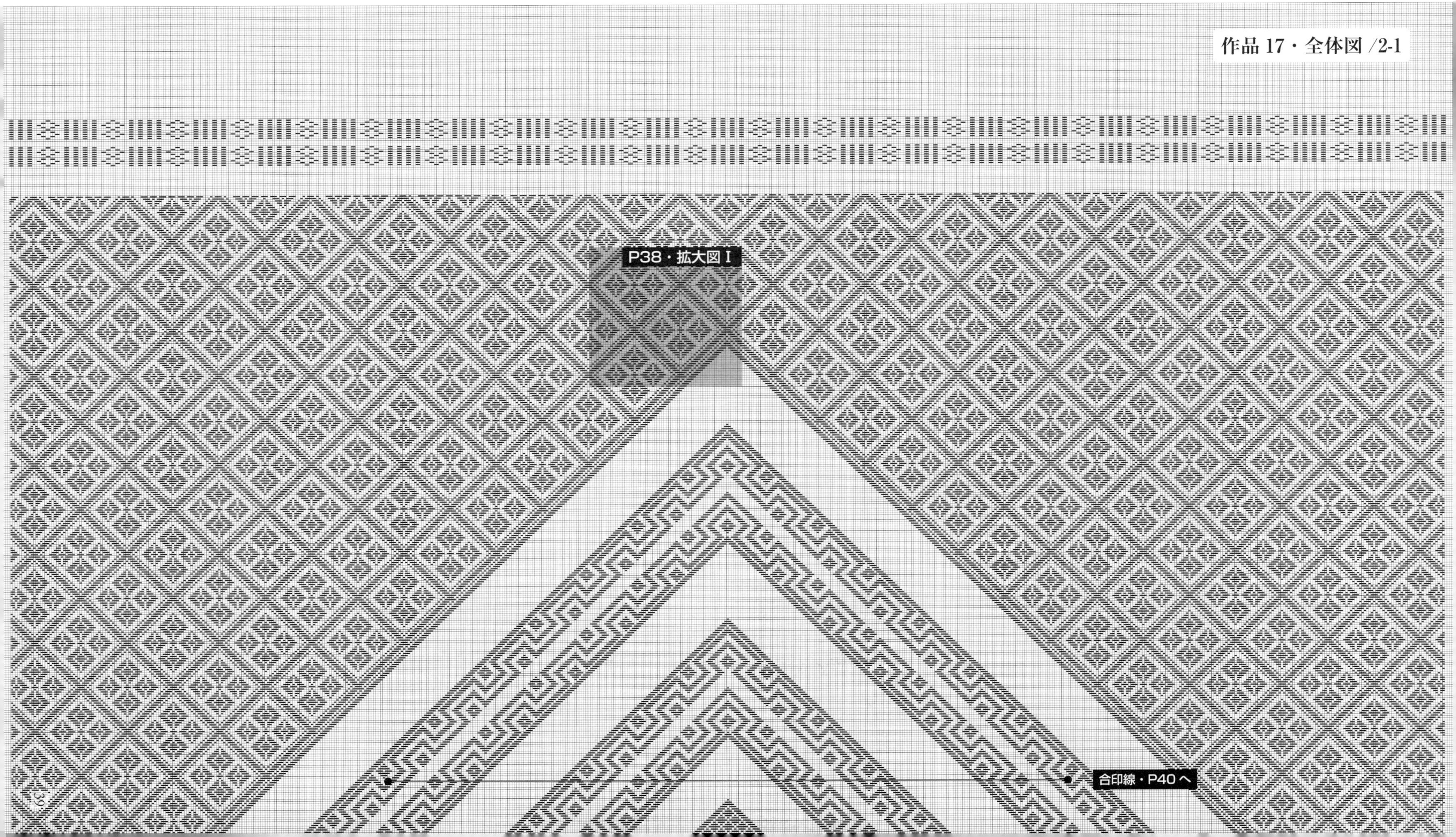
作品 17・全体図 /2-1
P38・拡大図 I
合印線・P40へ

合印線
P38・拡大図Ⅱ
P38・拡大図Ⅲ

作品 17・全体図 /2-2

作品18 タペストリー 173×85㎝／口絵４ページ

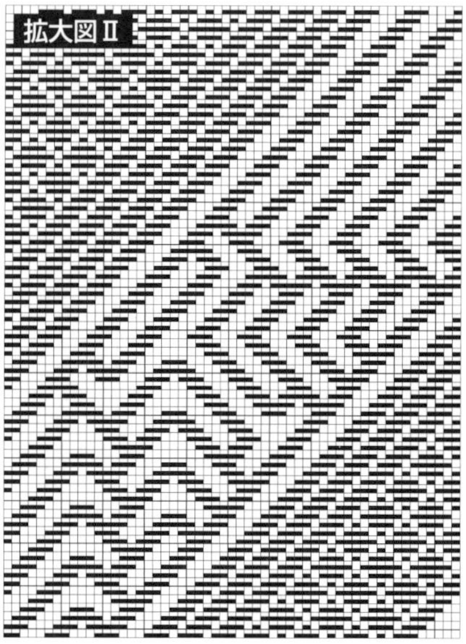

拡大図Ⅱ

拡大写真Ⅱ

拡大写真Ⅲ

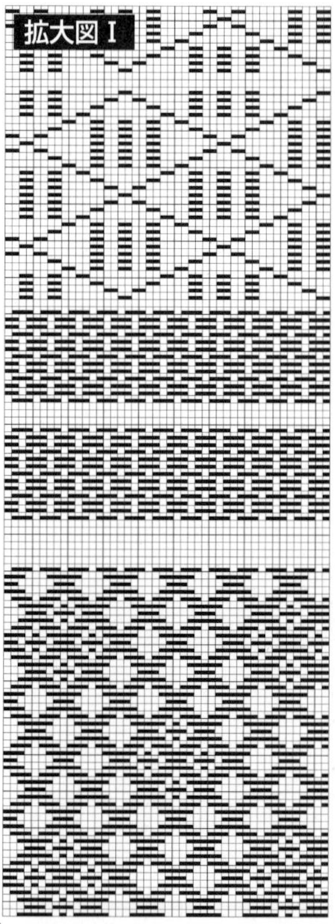

拡大図Ⅰ

拡大写真Ⅰ

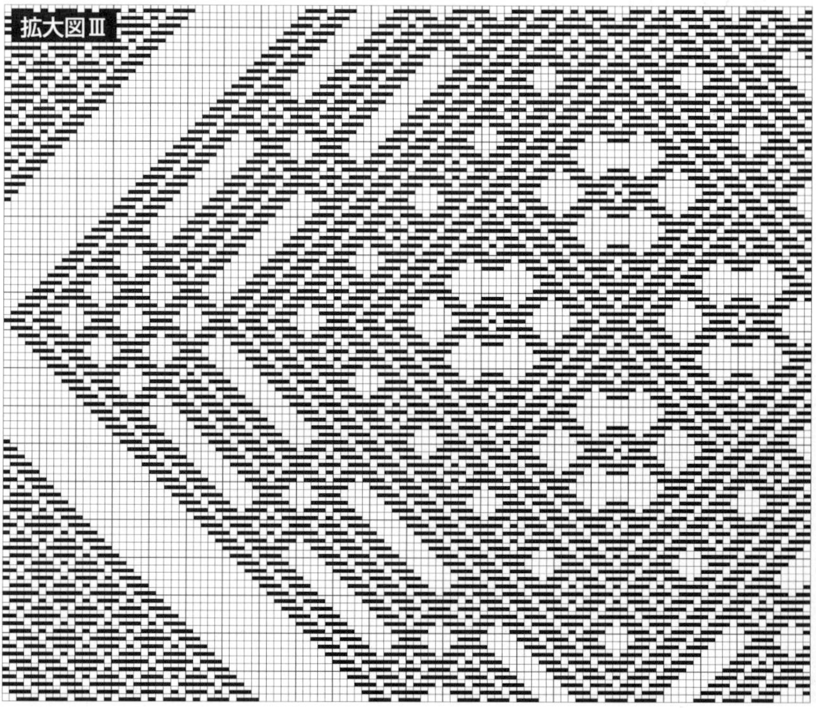

拡大図Ⅲ

拡大図Ⅳ

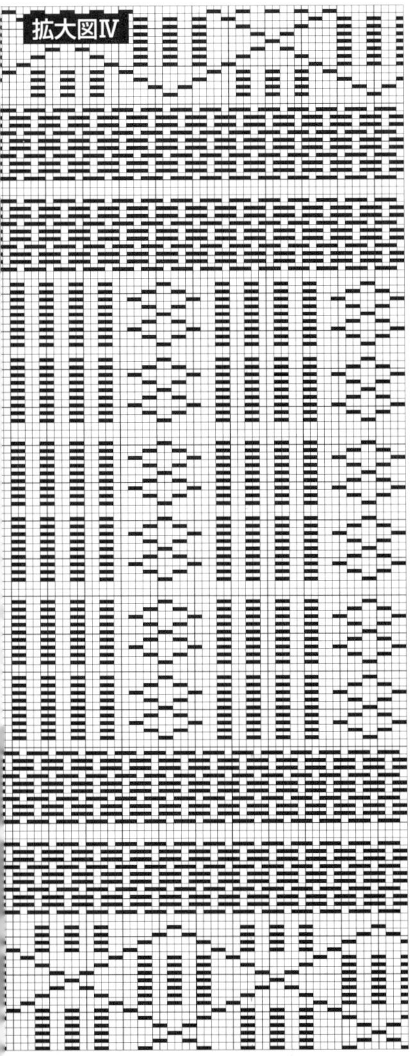

拡大写真Ⅳ

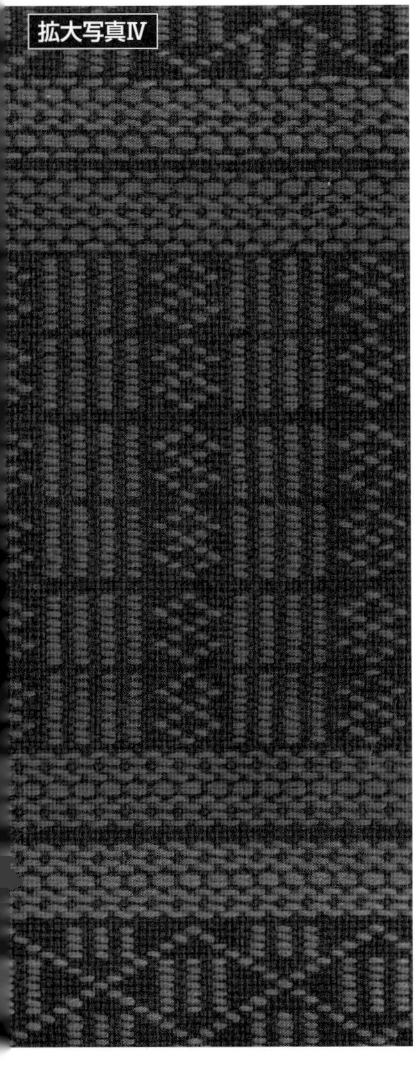

作品 18・全体図 /2-1

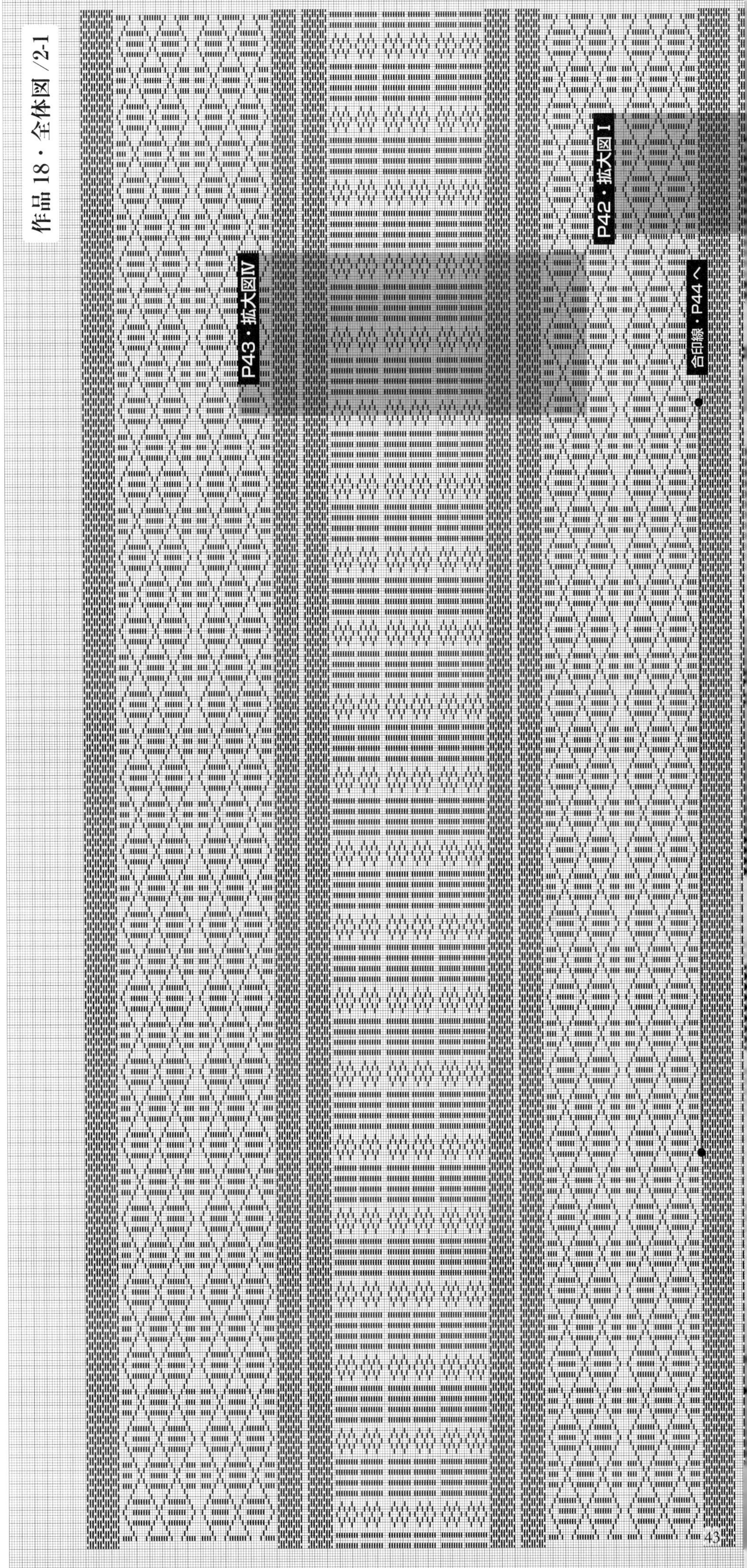

合印線
P42・拡大図Ⅲ
P42・拡大図Ⅱ

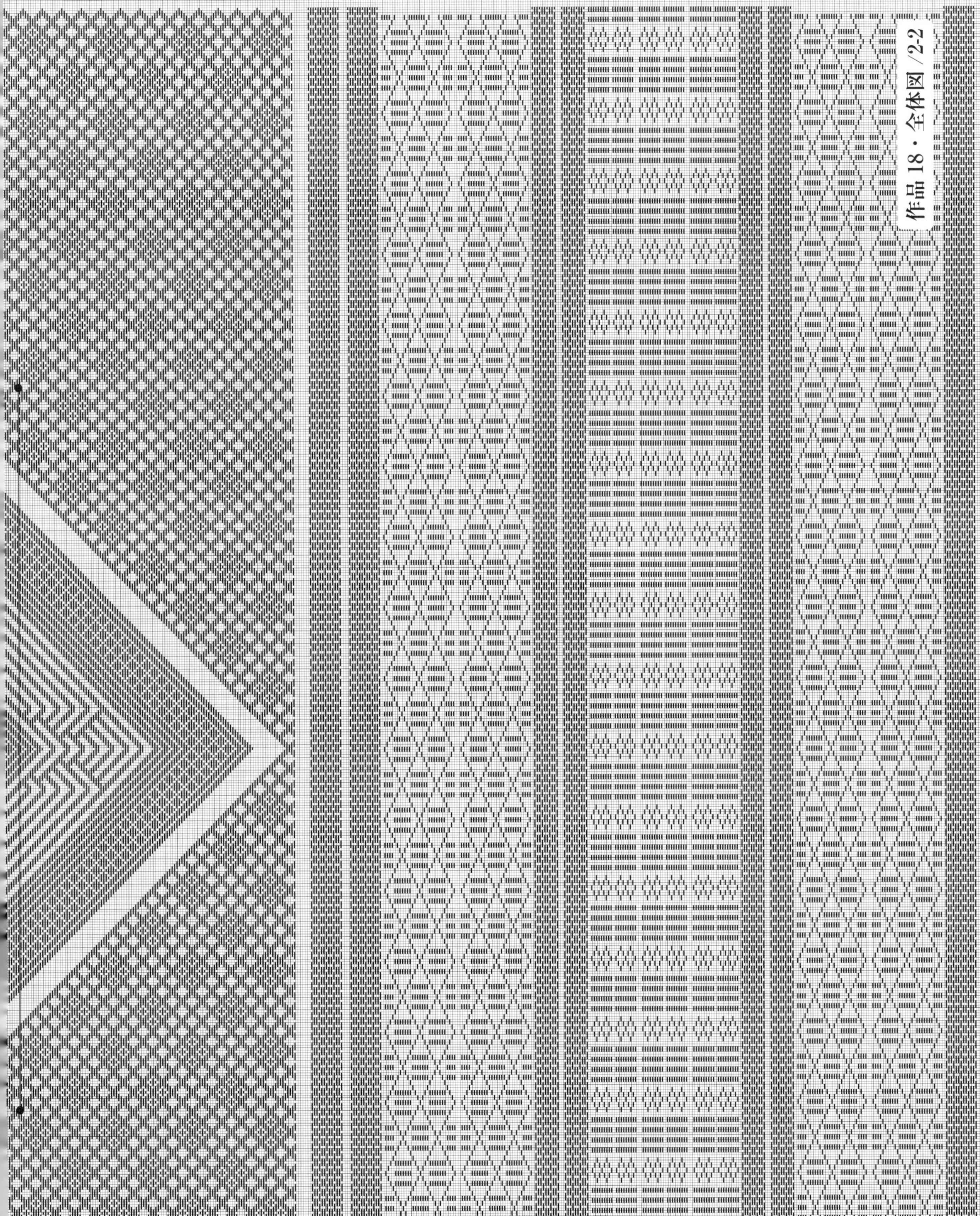

作品18・全体図 /2-2

作品 19 タペストリー　165 × 88cm／口絵４ページ

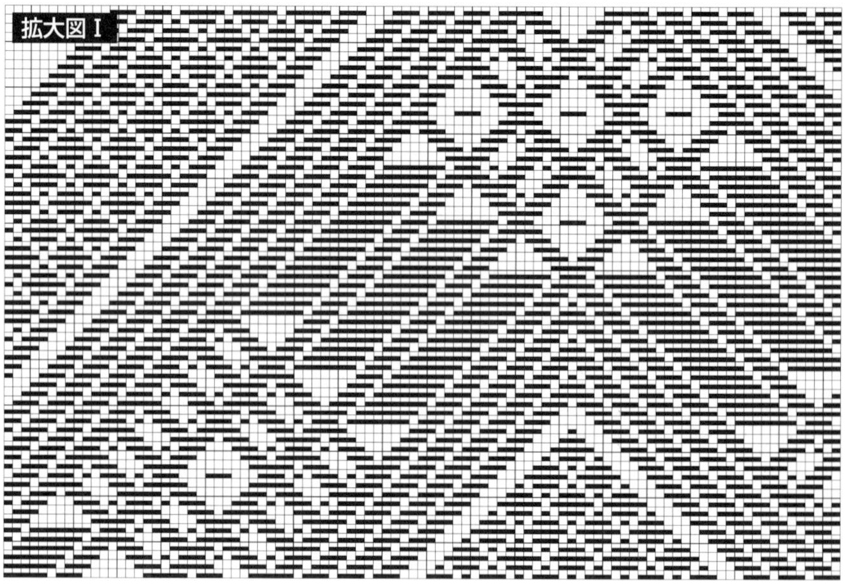

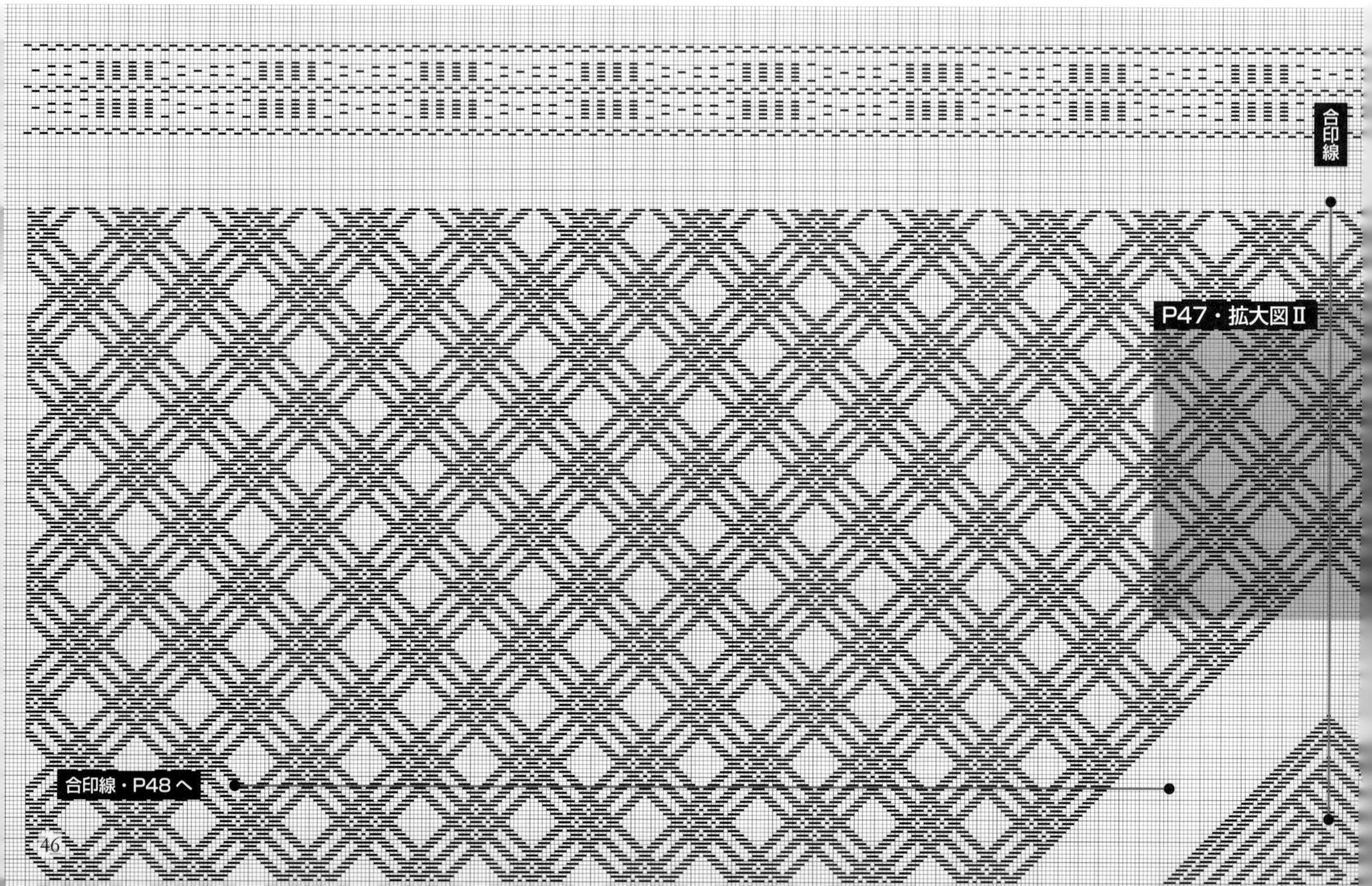

拡大図Ⅱ

拡大写真Ⅲ

拡大写真Ⅱ

拡大図Ⅲ

作品 19・全体図 /3-1

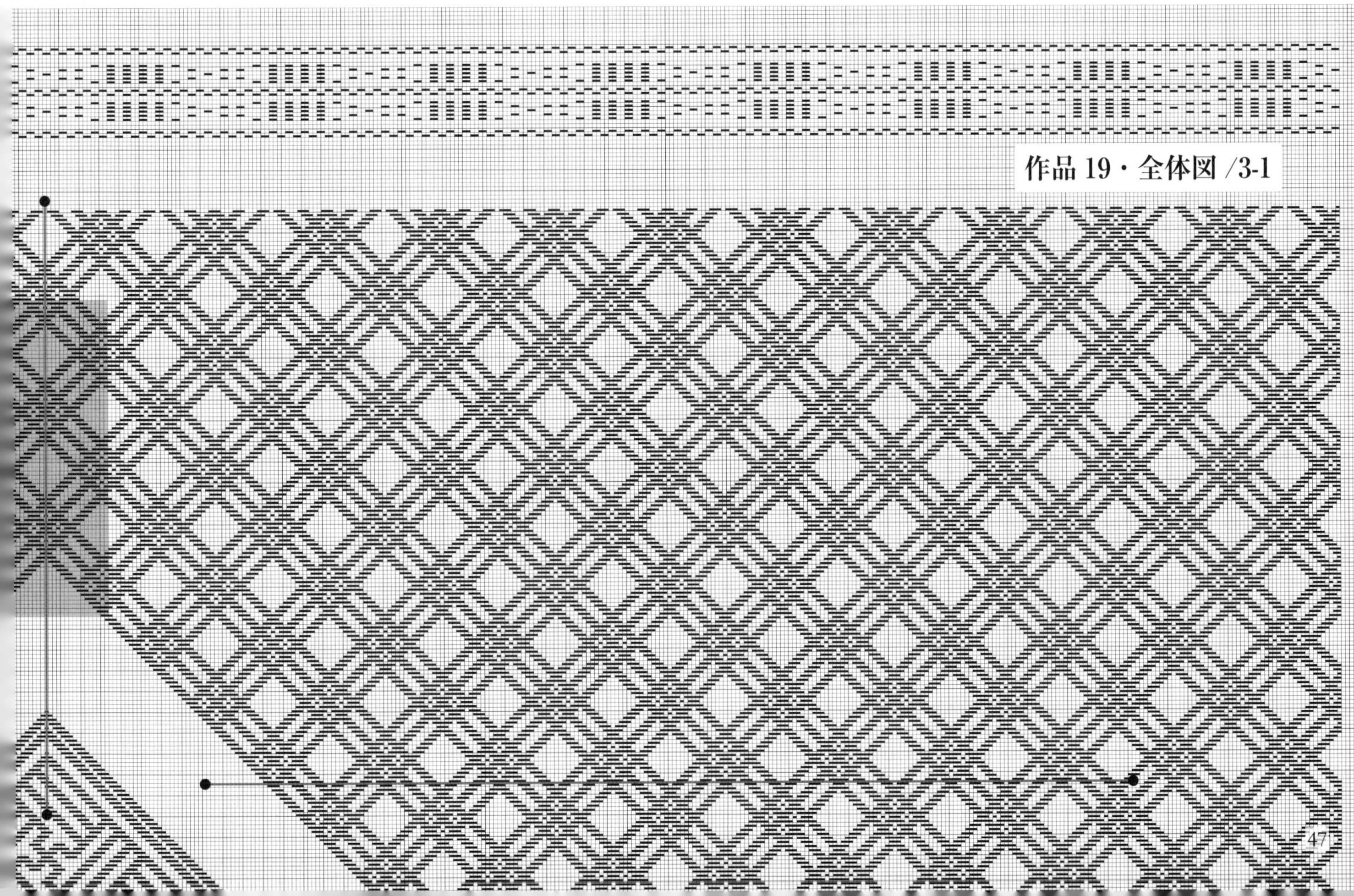

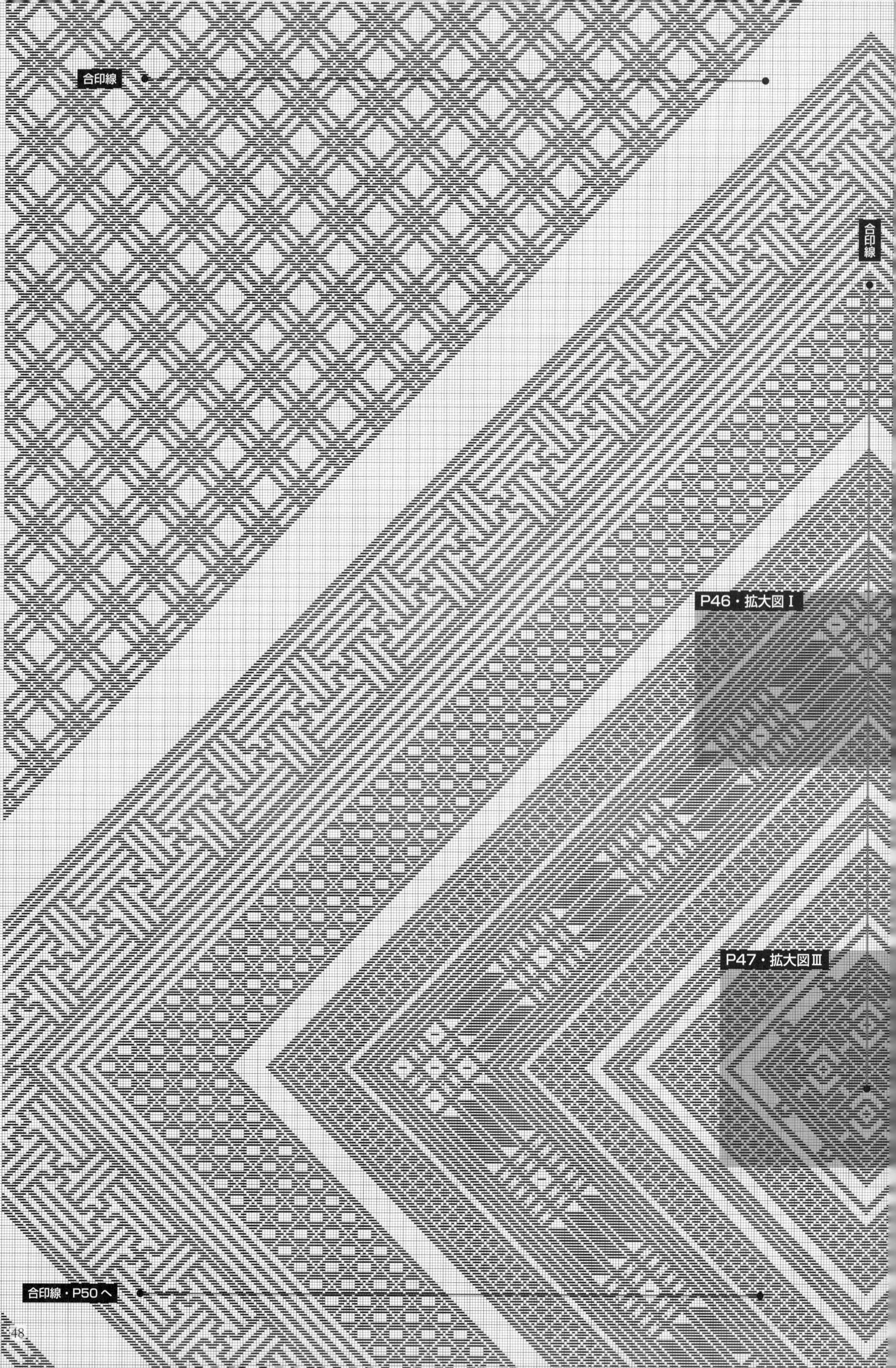
合印線
合印線
P46・拡大図Ⅰ
P47・拡大図Ⅲ
合印線・P50へ

作品 19・全体図 /3-2

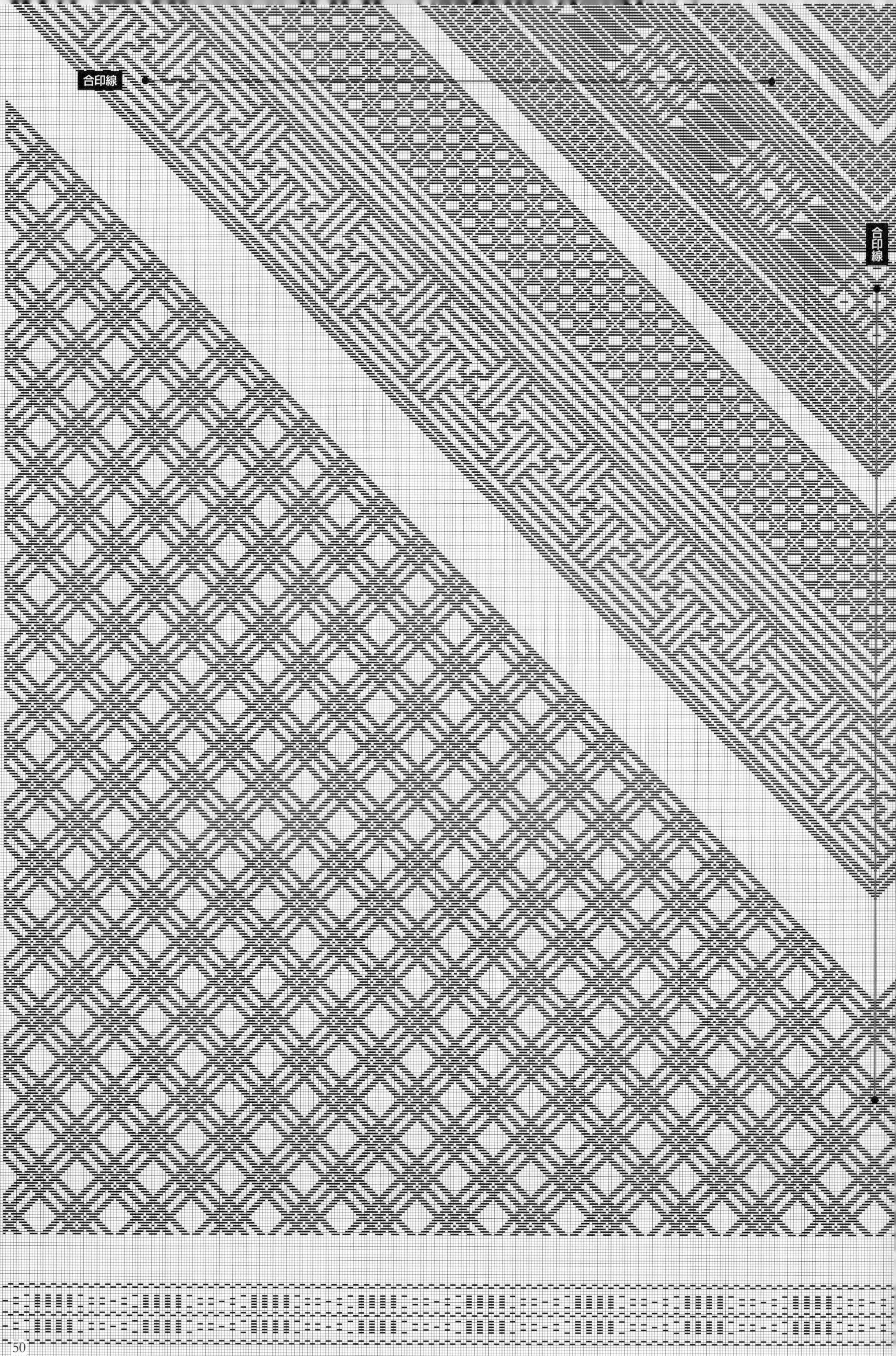
合印線
合印線

作品 19・全体図 /3-3

作品20 のれんⅠ　143×83cm／口絵３ページ

〈のれんの仕立て方〉

1 のれんの右側と左側を別々に1枚ずつ刺す。

2 左右の縁と下の始末をした後、中心上部をかがり合わせ、上の始末をする（裏布をつける場合は、中心をかがる前につける）。

※左右の縁の始末は、左右とも折り返して始末したり、外側は布端の耳をそのまま利用し、内側は折り返して始末するなどの方法があります。

拡大写真Ⅰ

拡大図Ⅰ

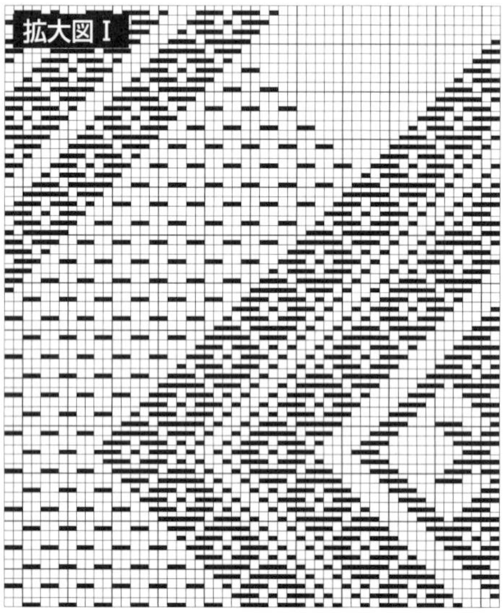

拡大図Ⅱ

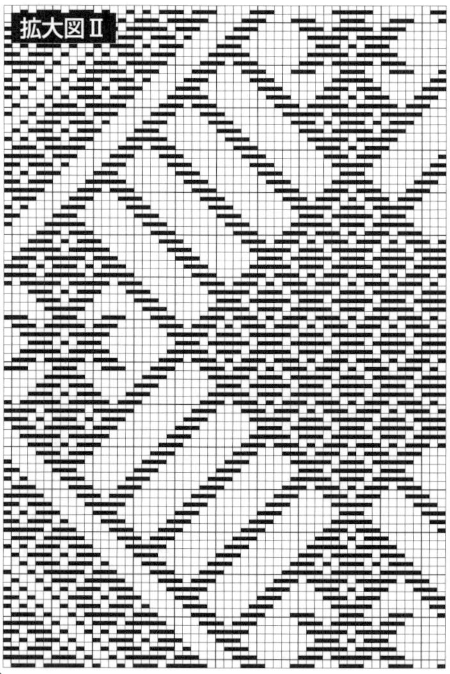

拡大写真Ⅱ

作品20・全体図／2-1

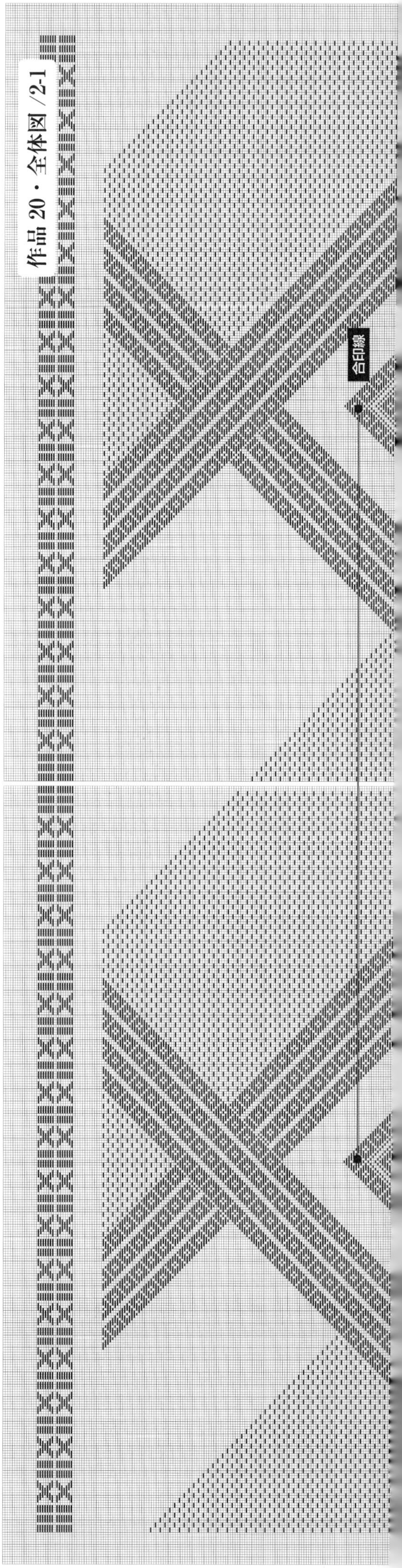

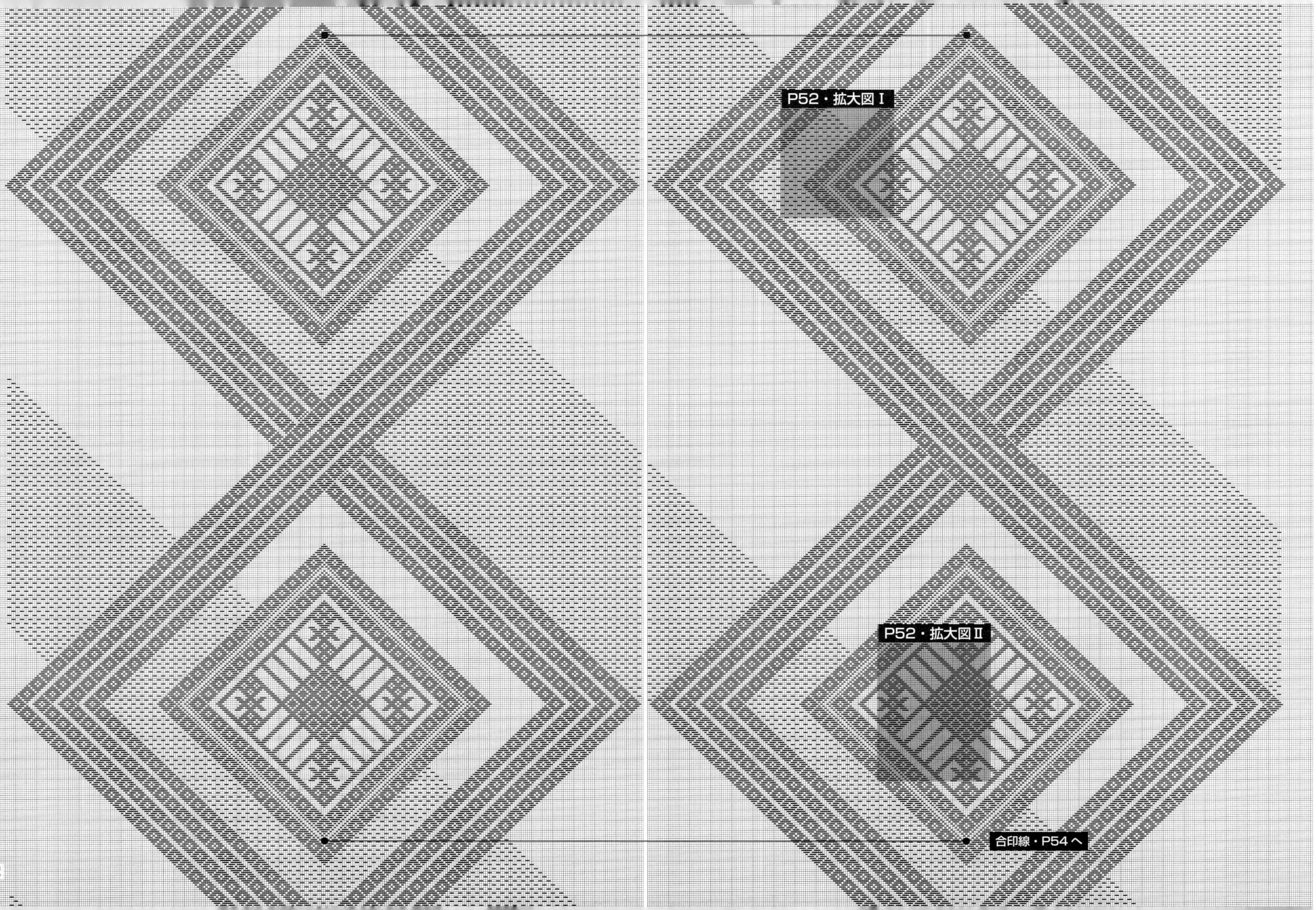

P52・拡大図 I
P52・拡大図 II
合印線・P54へ

作品 20・全体図 /2-2

作品21 のれんII　143×80cm／口絵３ページ

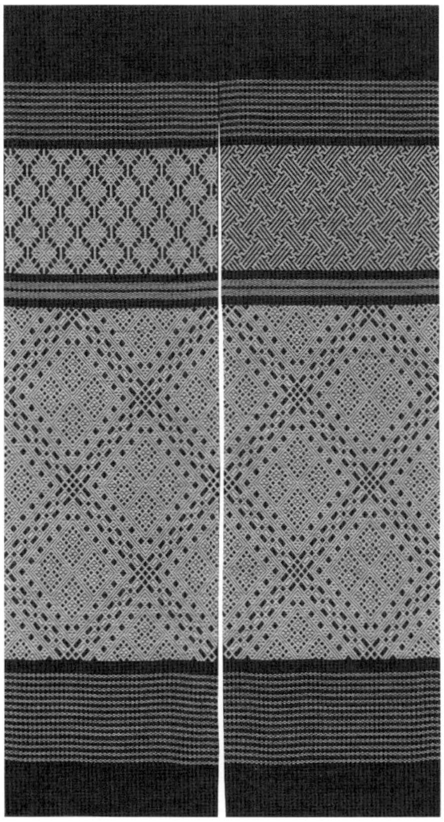

拡大写真I

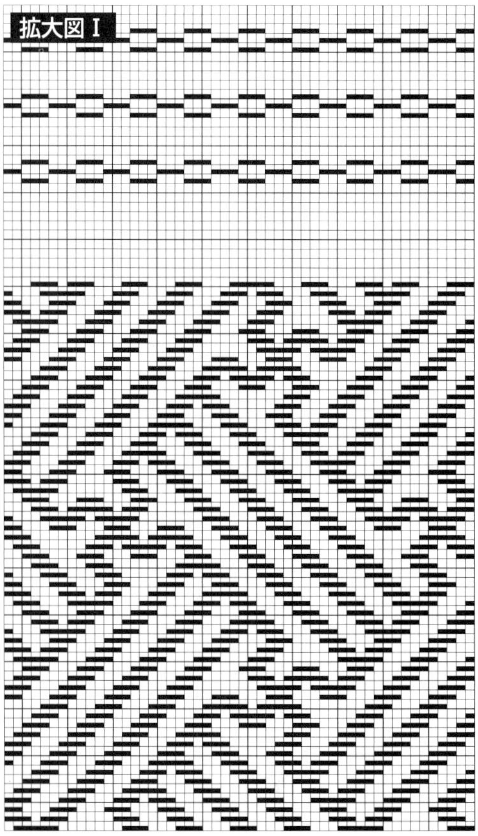

拡大図I

拡大写真II

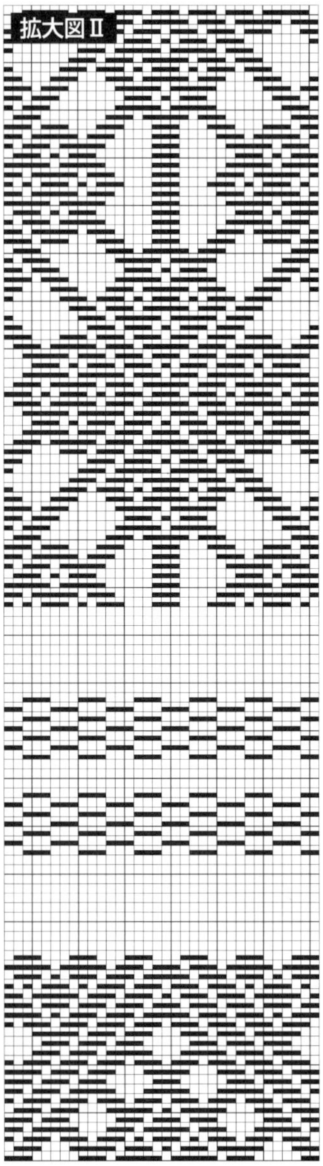

拡大図II

拡大写真III

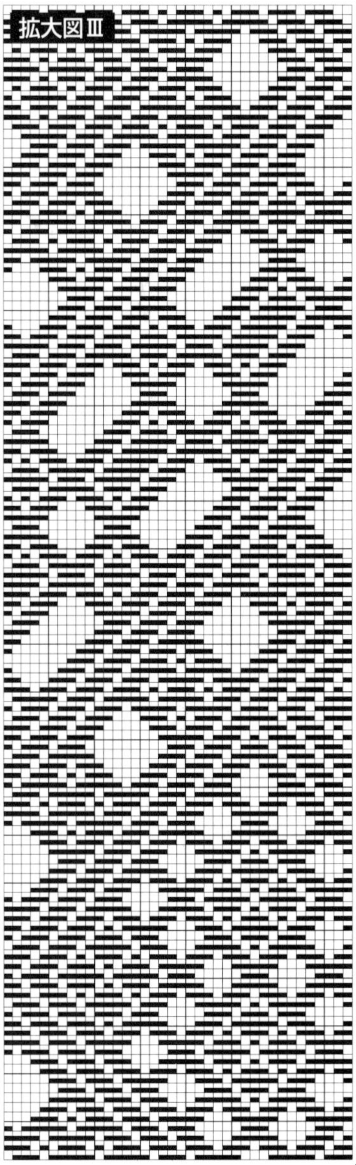

拡大図III

作品 21・全体図

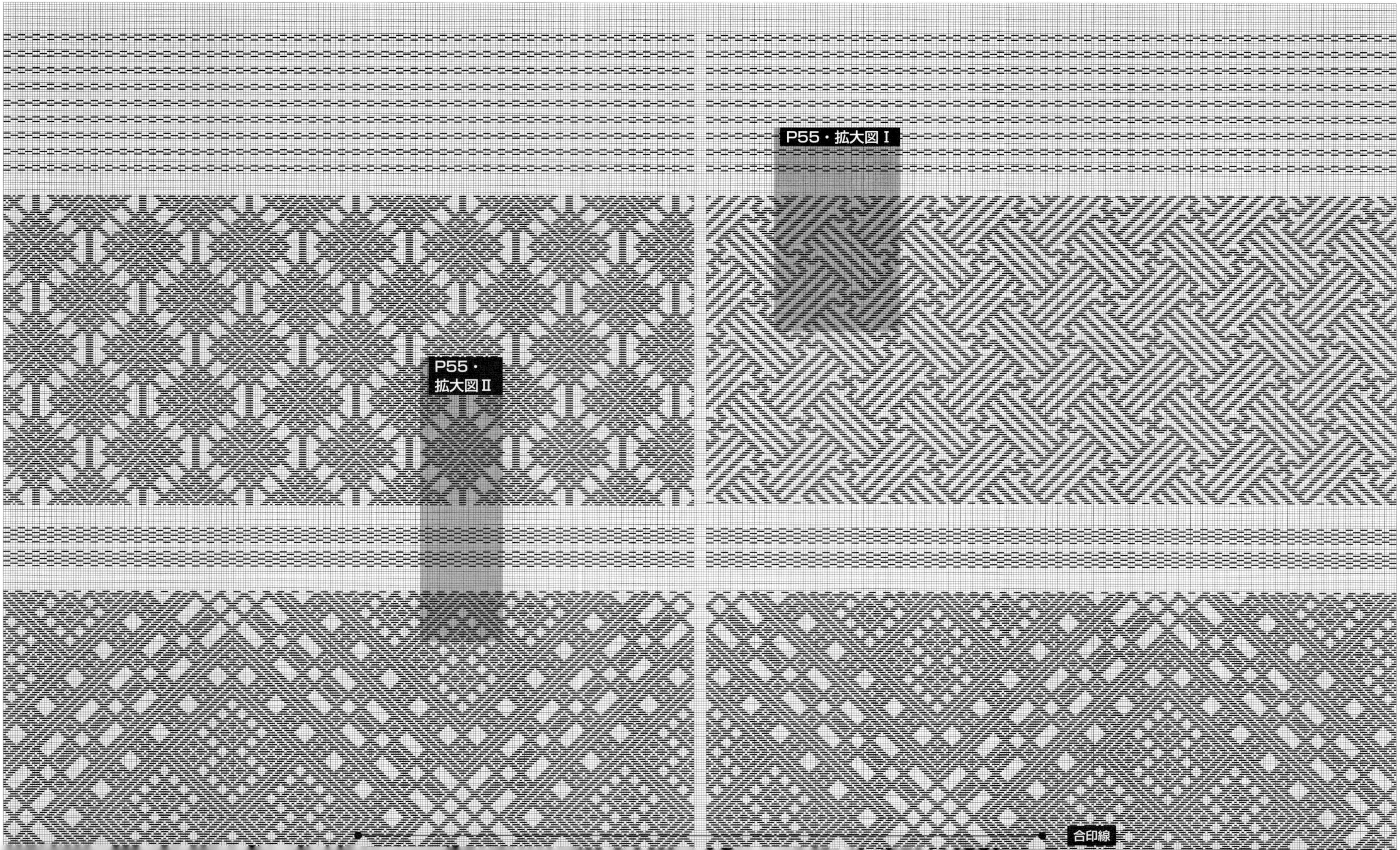

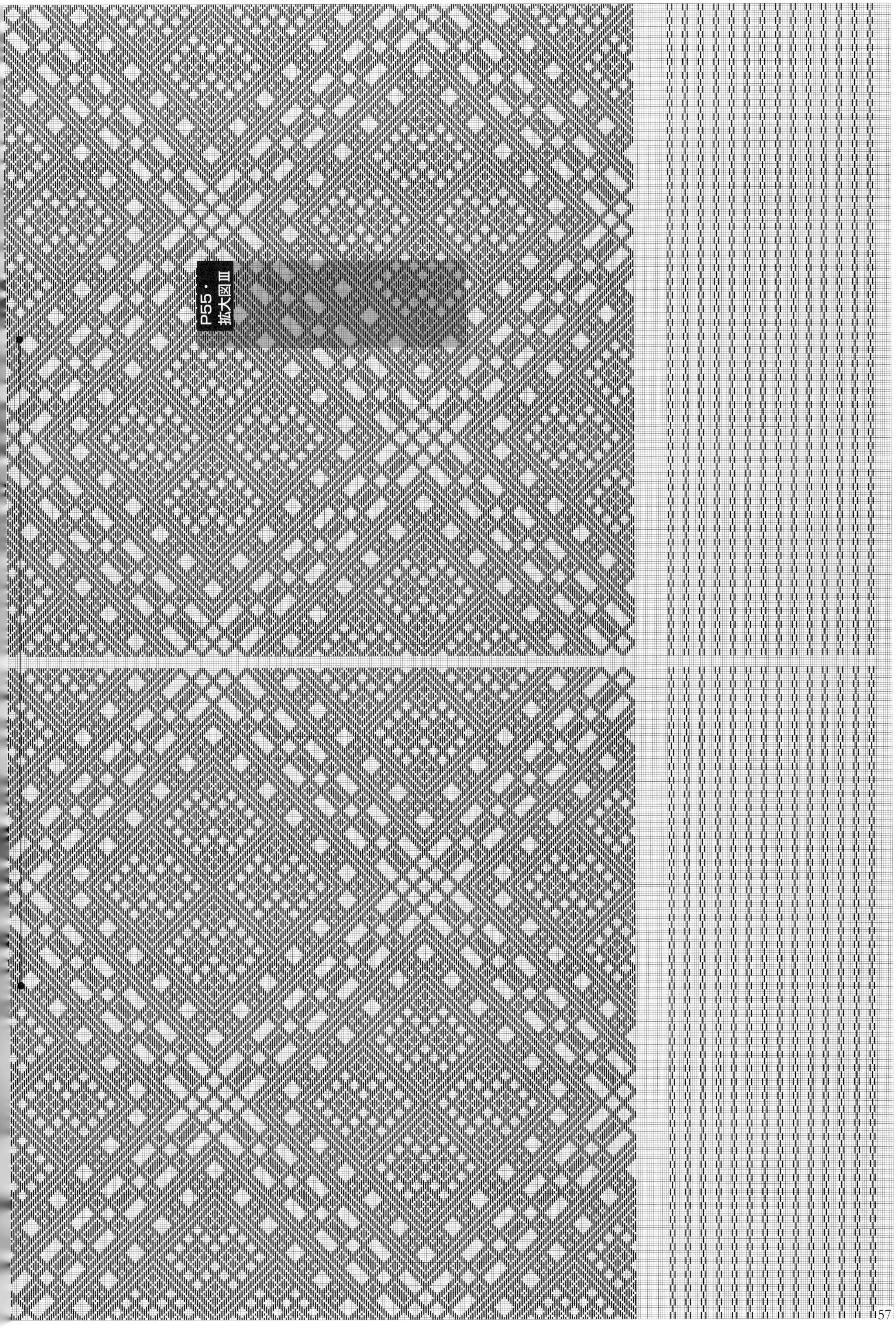

P55・拡大図Ⅲ

作品22 のれんⅢ　159 × 84㎝／口絵３ページ

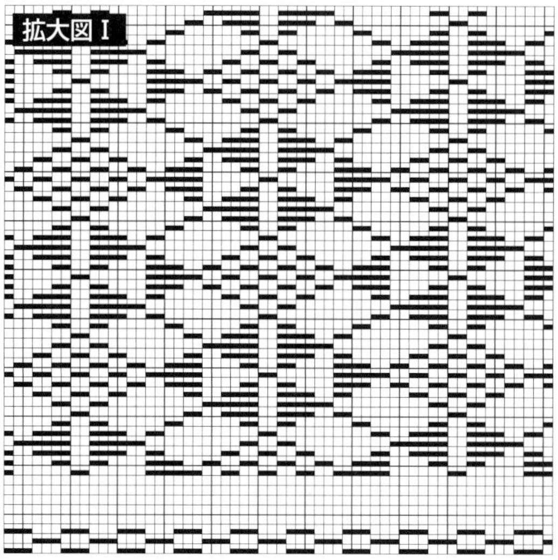

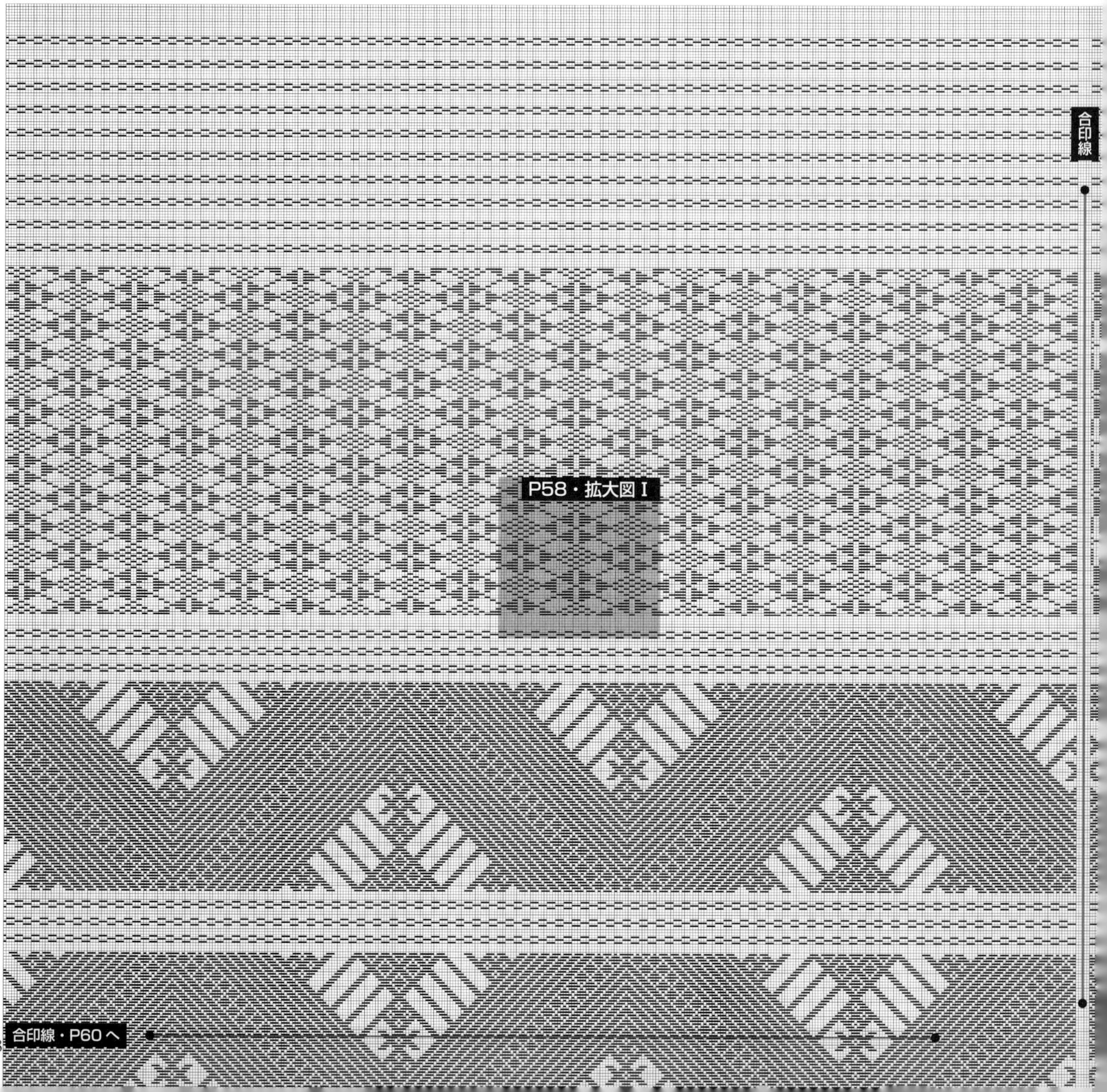

拡大写真Ⅱ

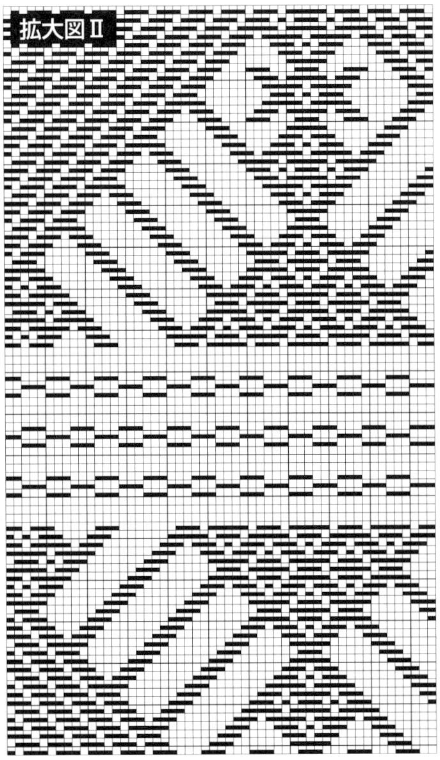
拡大図Ⅱ

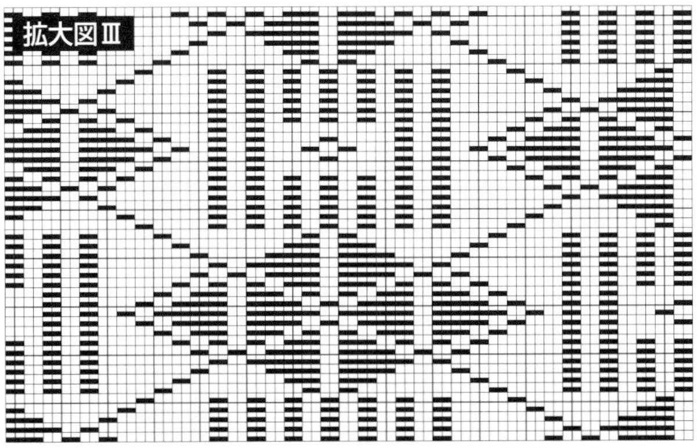
拡大図Ⅲ

拡大写真Ⅲ

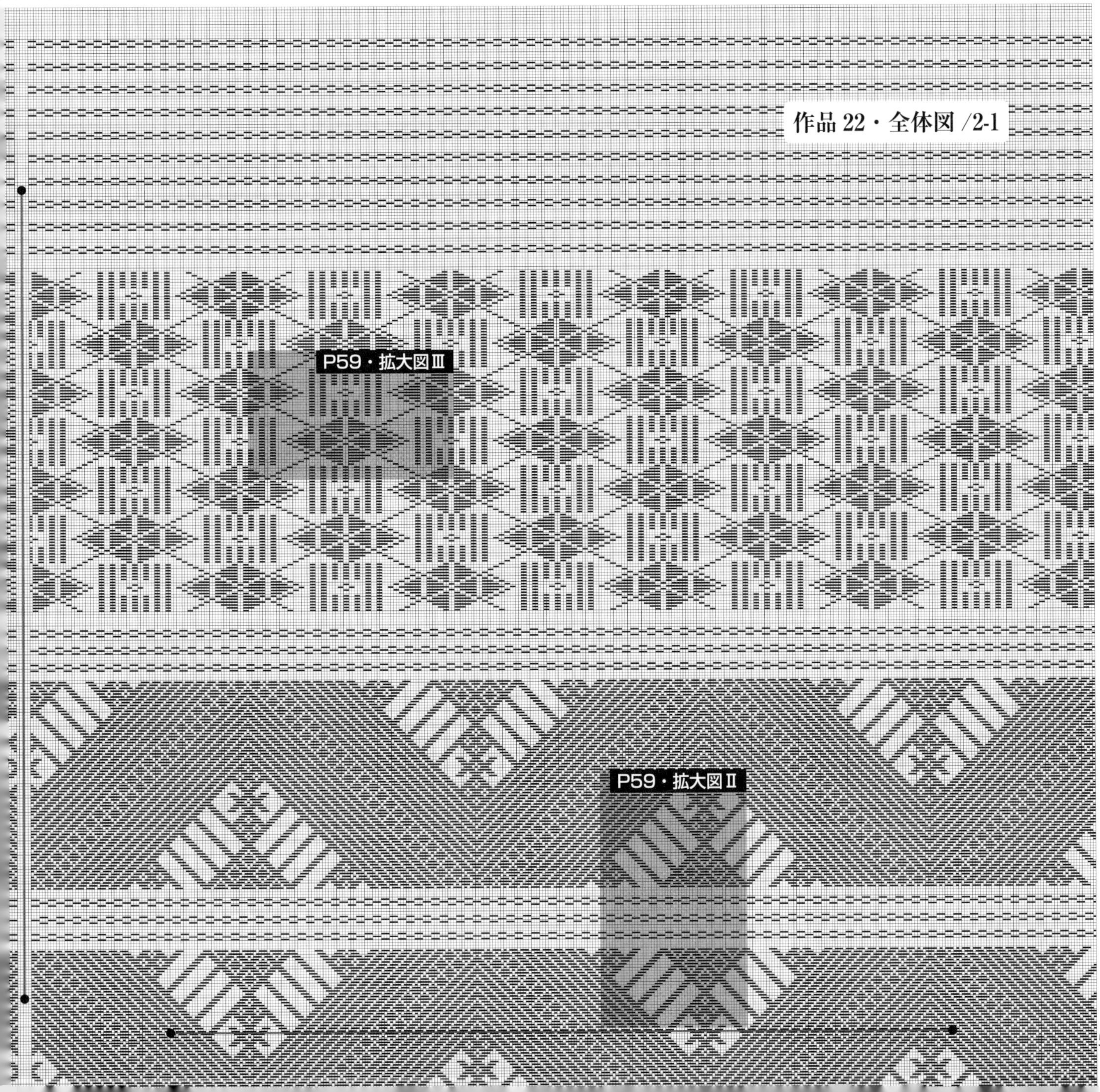
作品 22・全体図 /2-1
P59・拡大図Ⅲ
P59・拡大図Ⅱ

合印線
合印線

作品 22・全体図 /2-2

作品23「内裏雛」 53 ×45cm／口絵２ページ

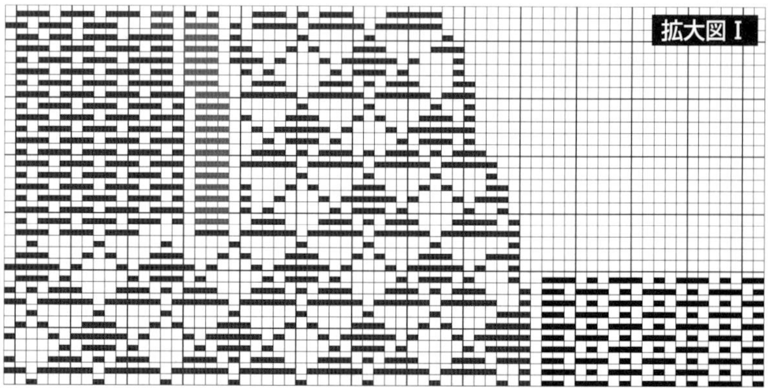

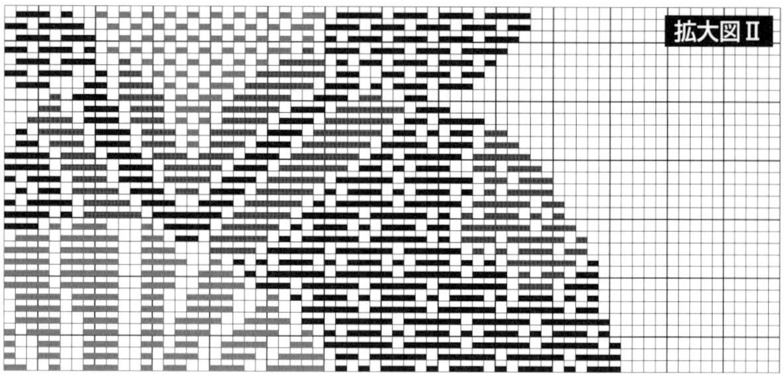

作品24「五月人形」 52 ×43cm／口絵２ページ

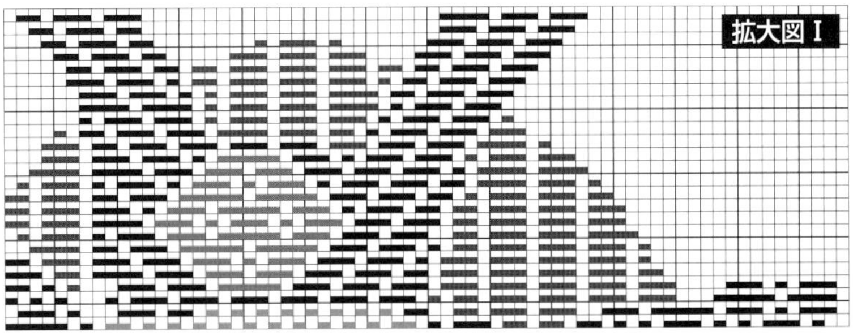

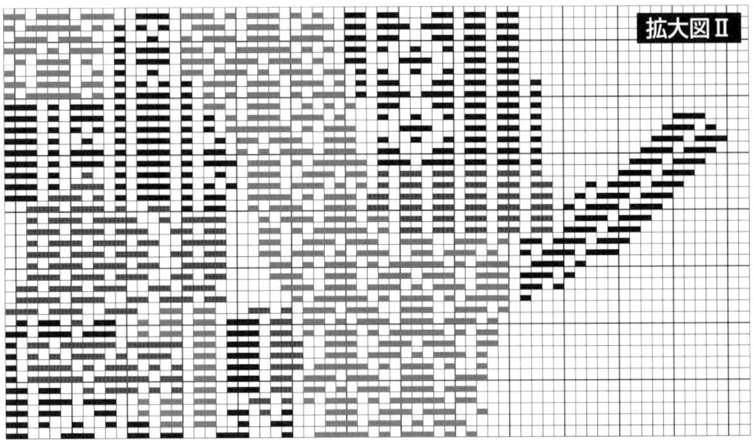

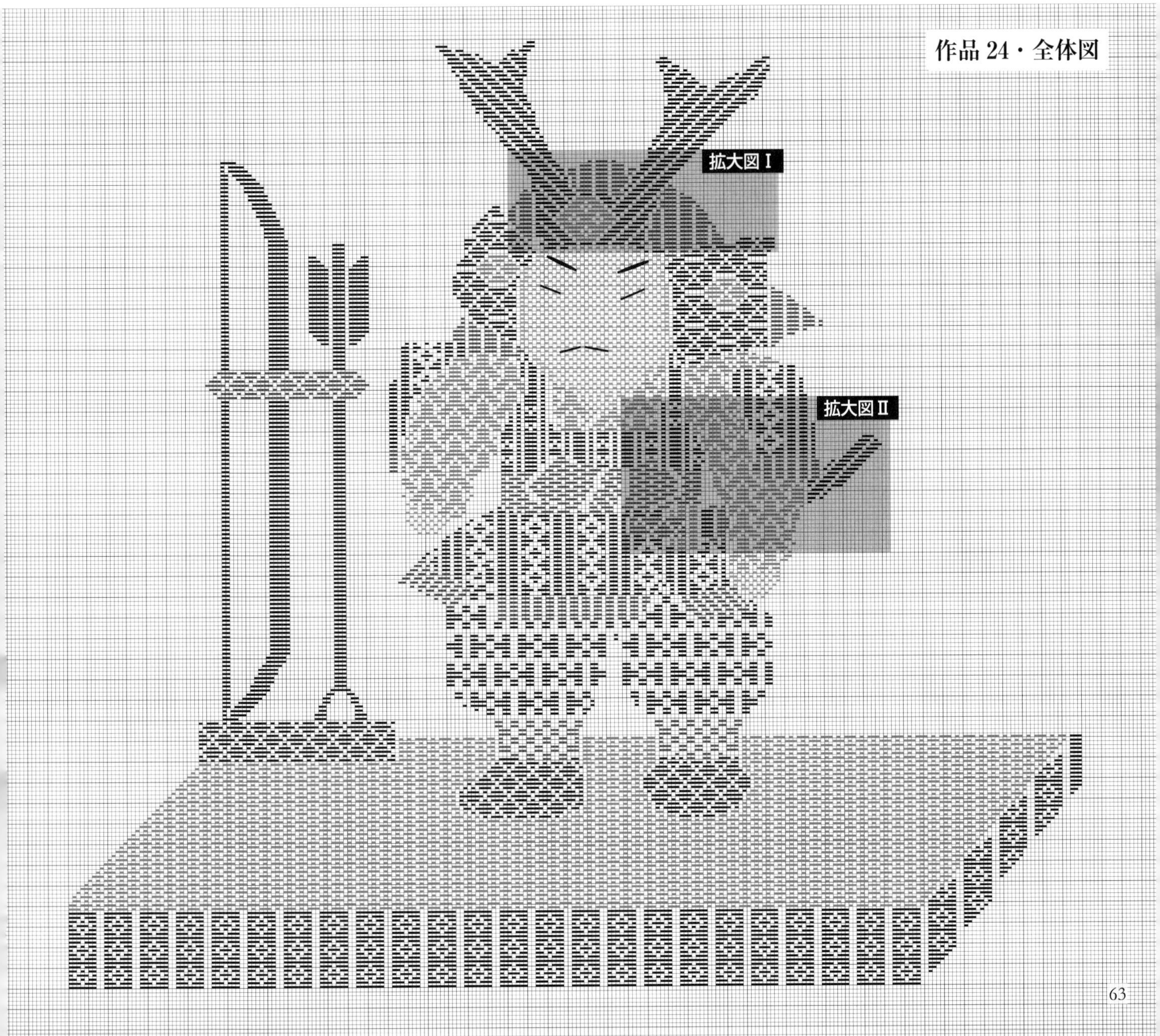

作品25「サンタクロース」 30 × 29cm／口絵２ページ

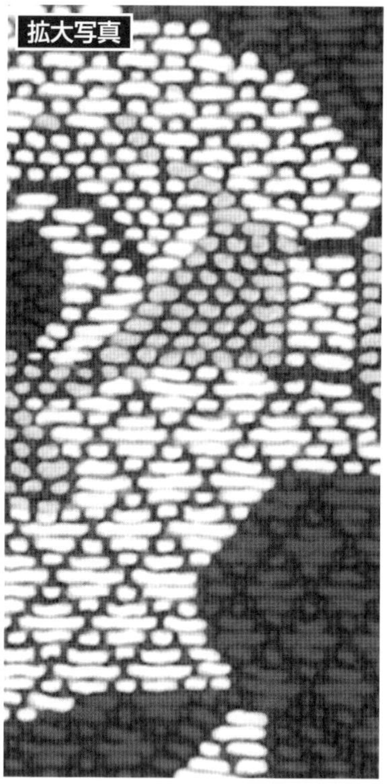

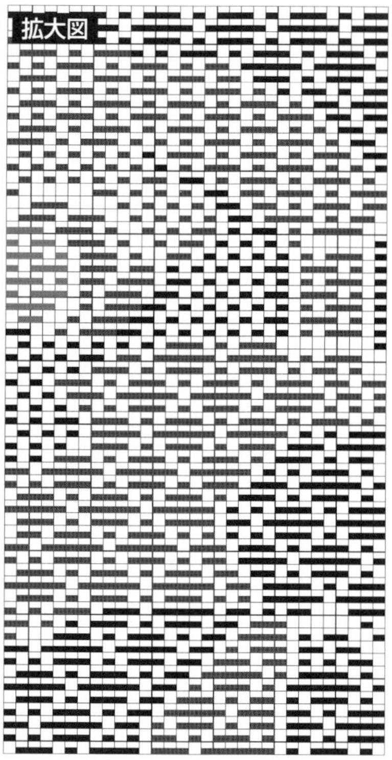

作品26 文字「左馬」 32 × 30cm／口絵２ページ

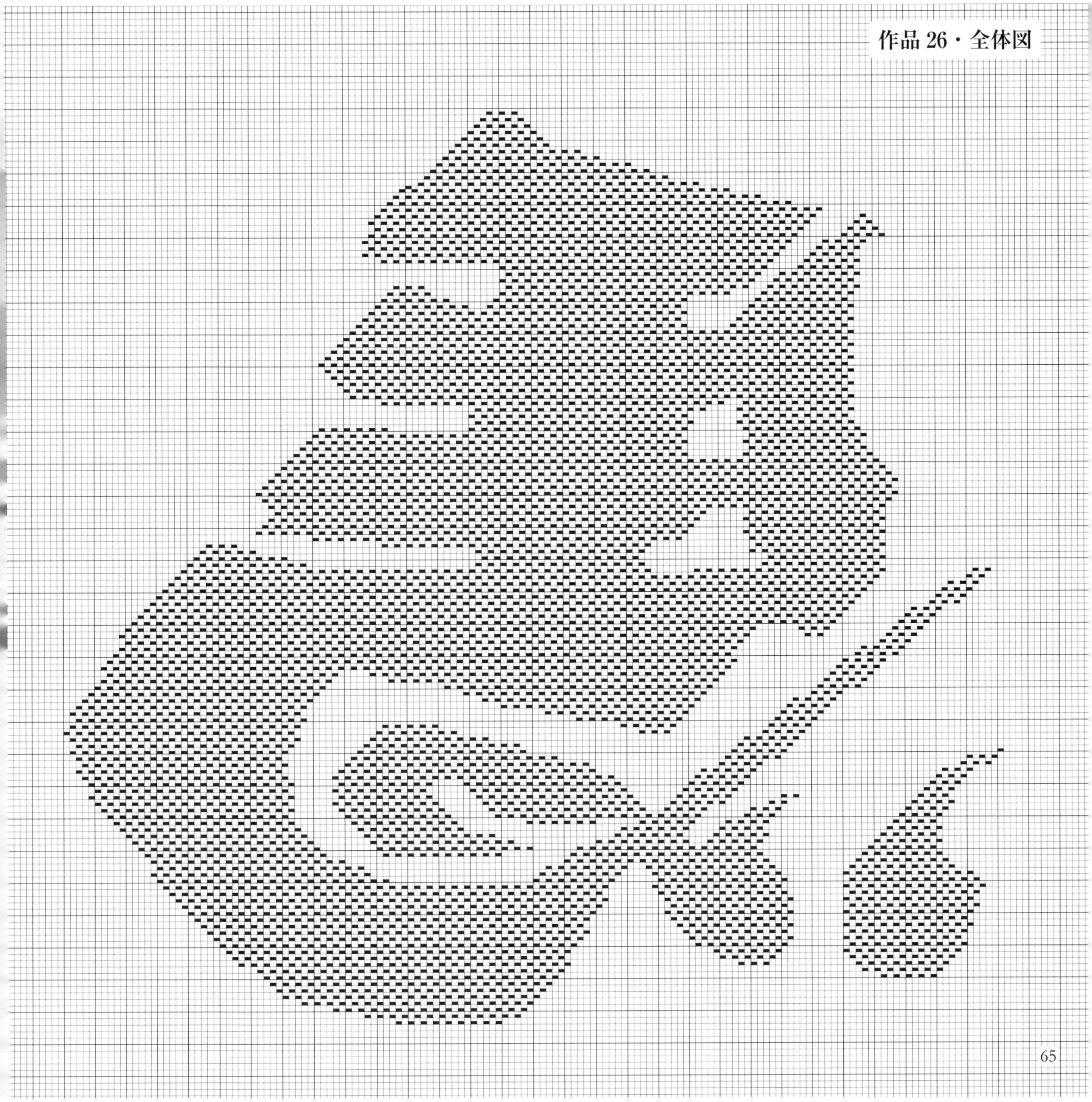

作品27 文字「寅」 32 × 30cm／口絵２ページ

拡大写真

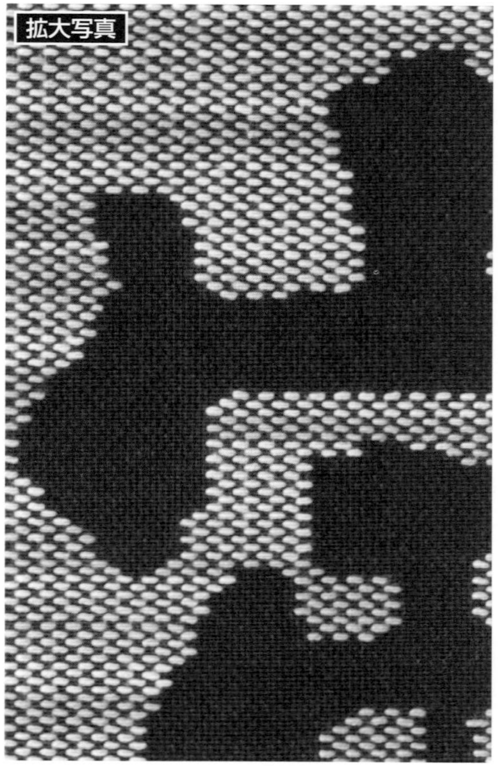

作品 27・全体図

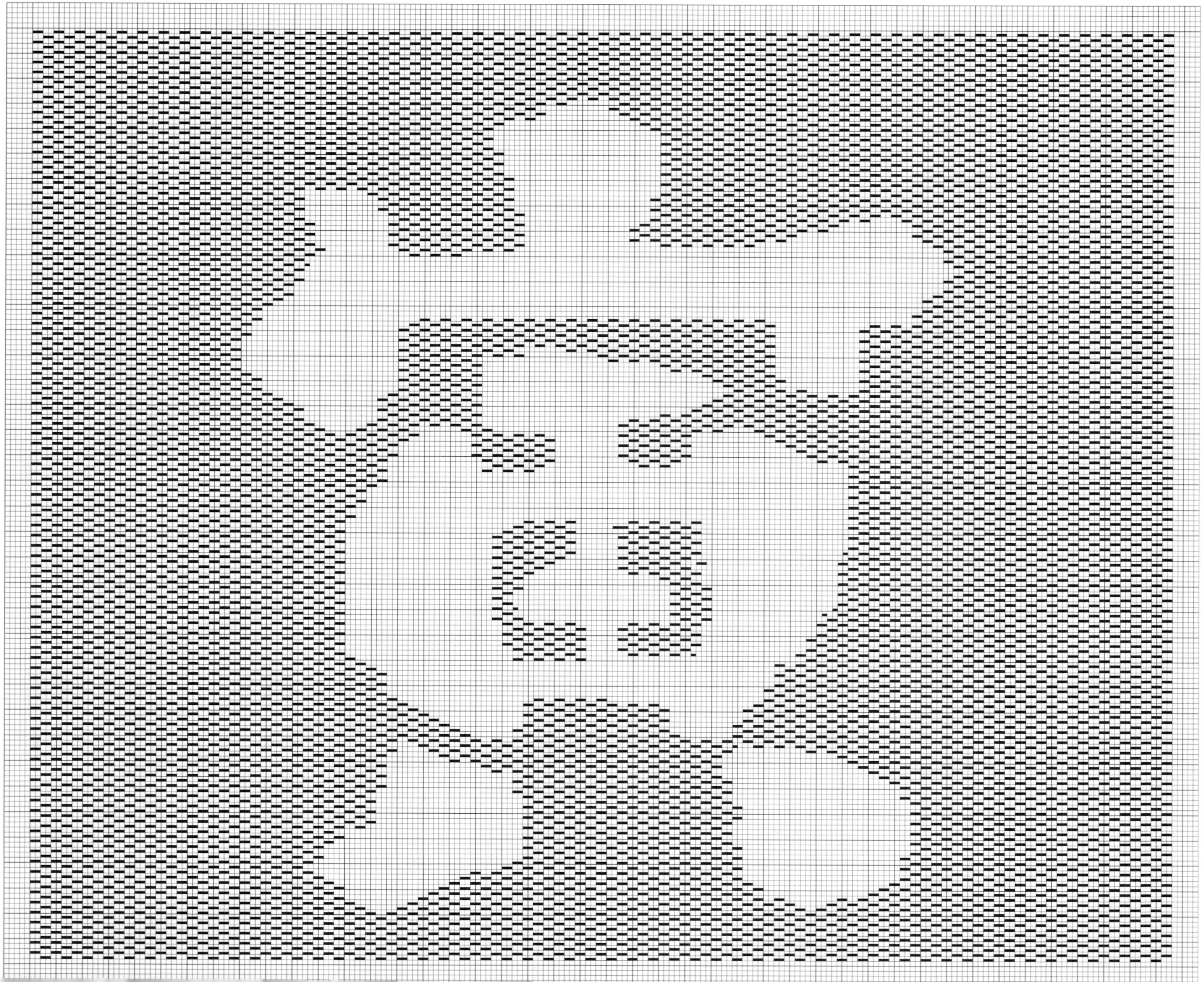

作品28 文字「羊」 32×31cm／口絵2ページ

作品28・全体図

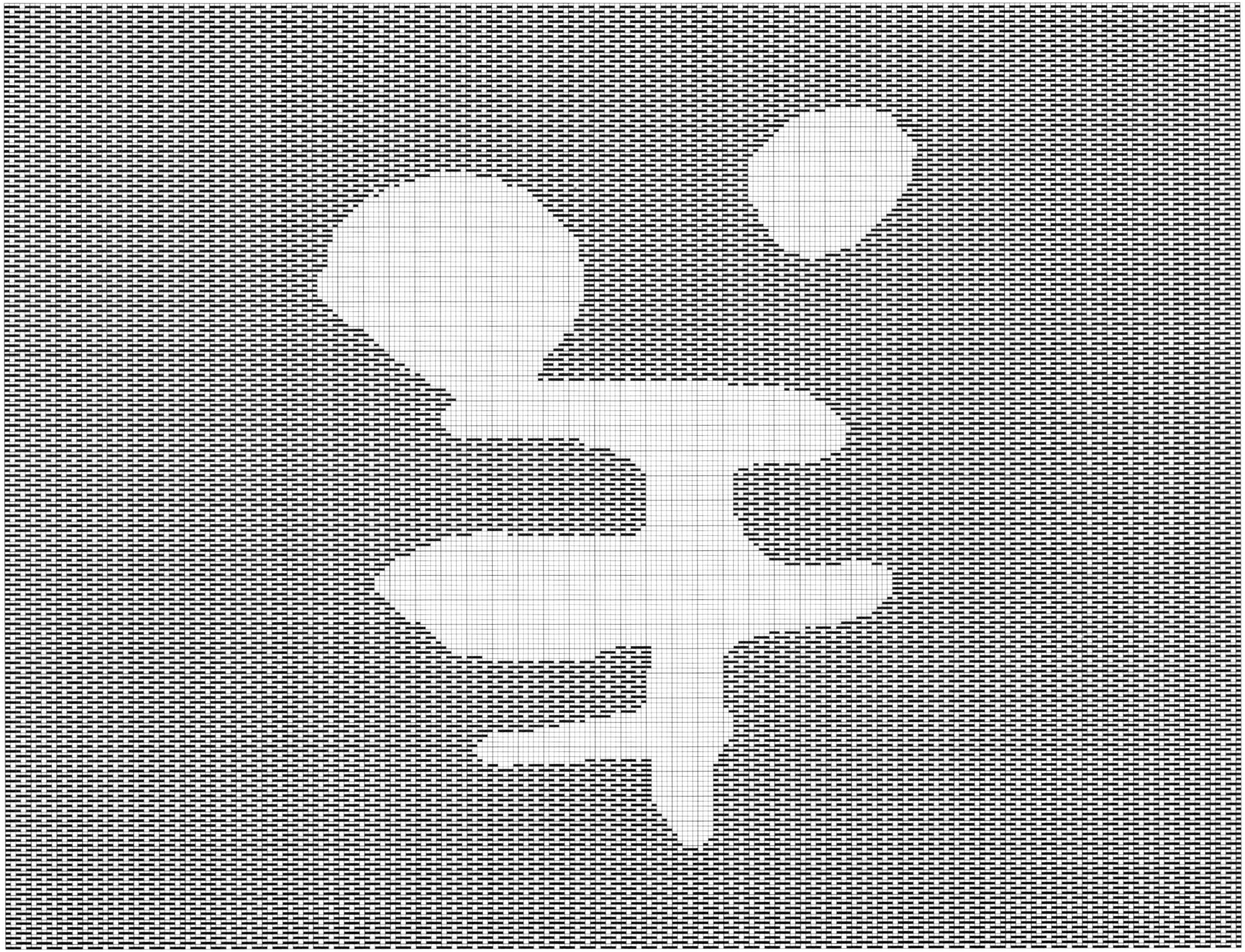

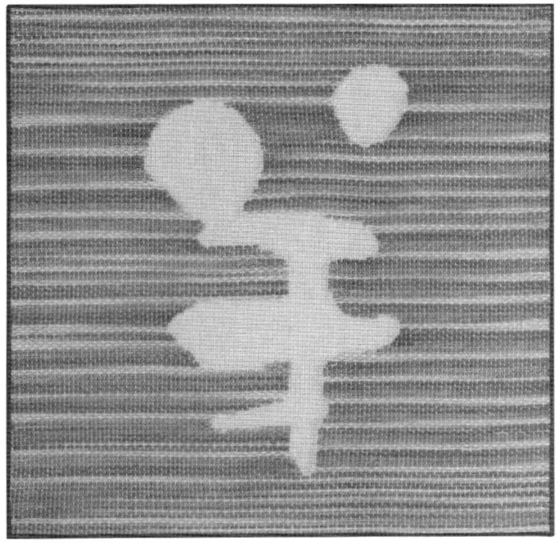

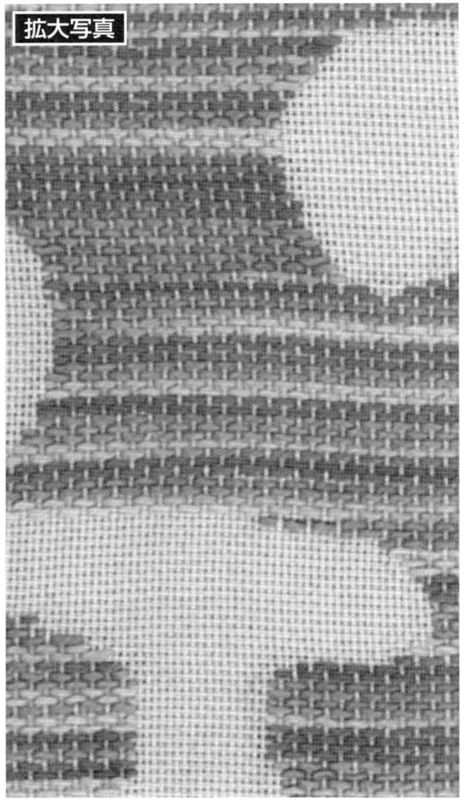

拡大写真

作品29 タペストリー「ブランコ」 80×48cm／口絵３ページ

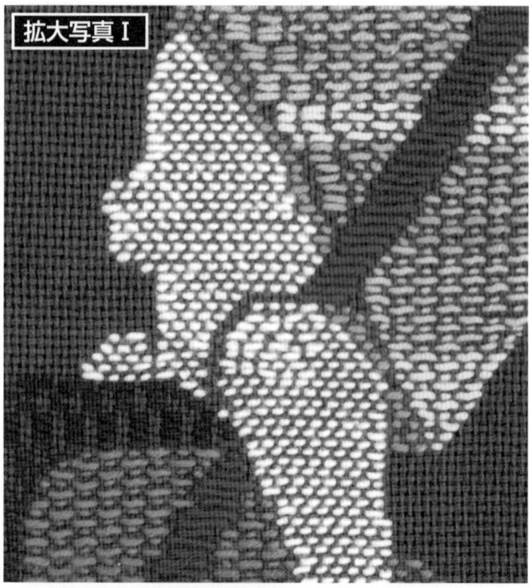

拡大写真Ⅰ

拡大写真Ⅱ

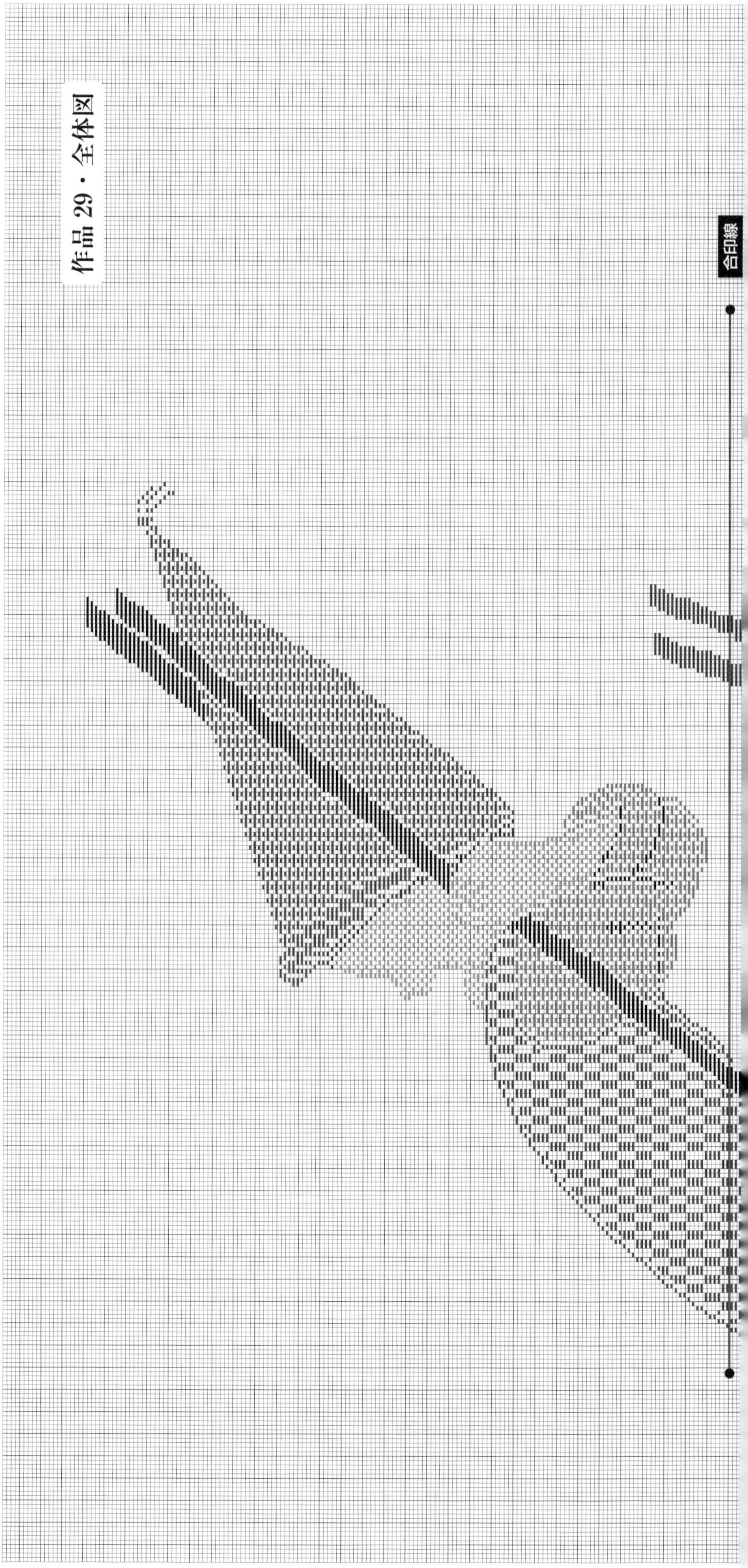

作品29・全体図

作品30 タペストリー「紫陽花」 78 ×48cm／口絵３ページ

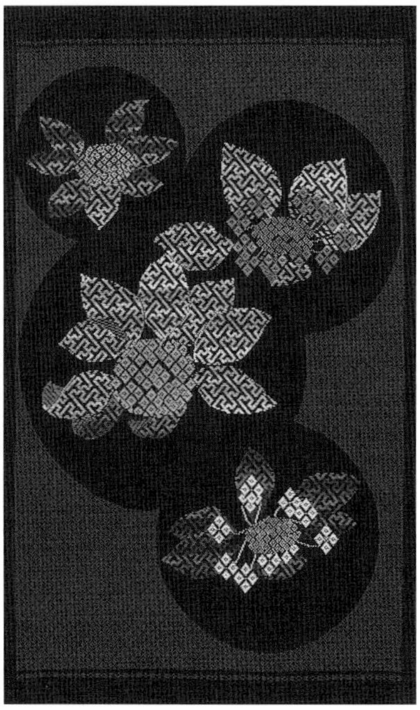

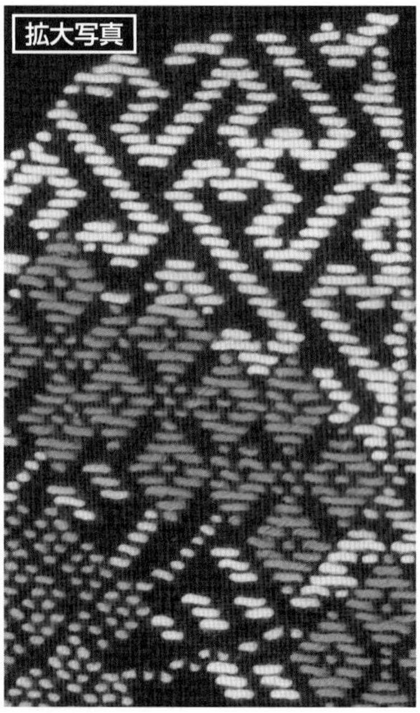

拡大写真

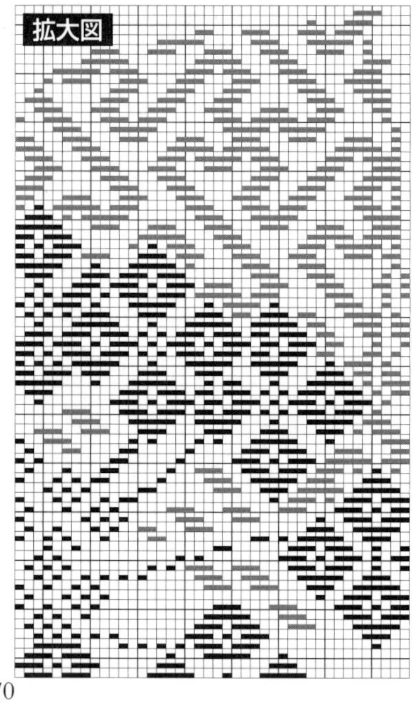

拡大図

作品31 タペストリー「鯉」 68 × 80cm／口絵３ページ

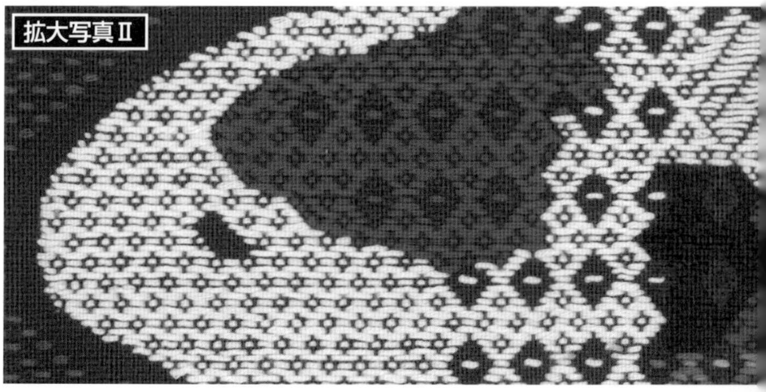

拡大写真Ⅱ

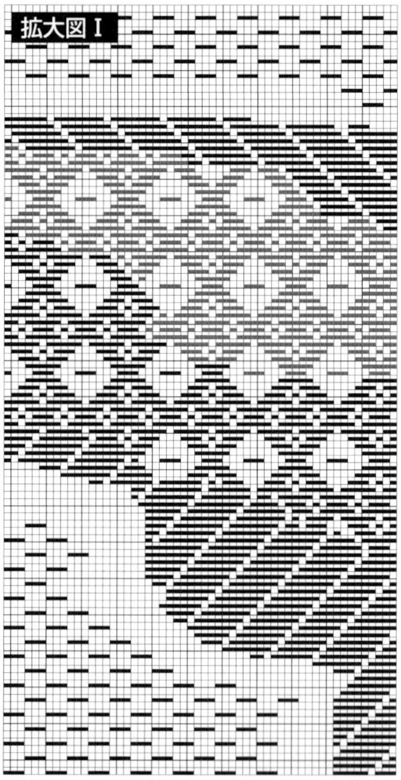

拡大図Ⅰ

拡大写真Ⅰ

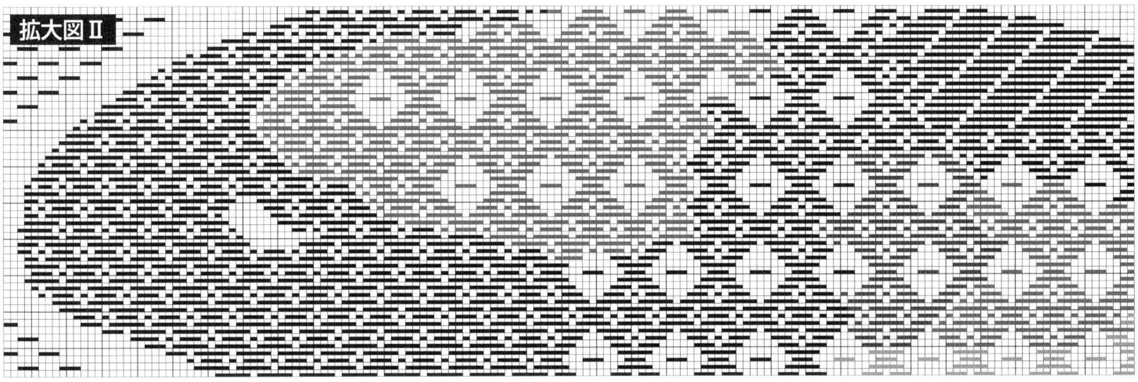
拡大図Ⅱ

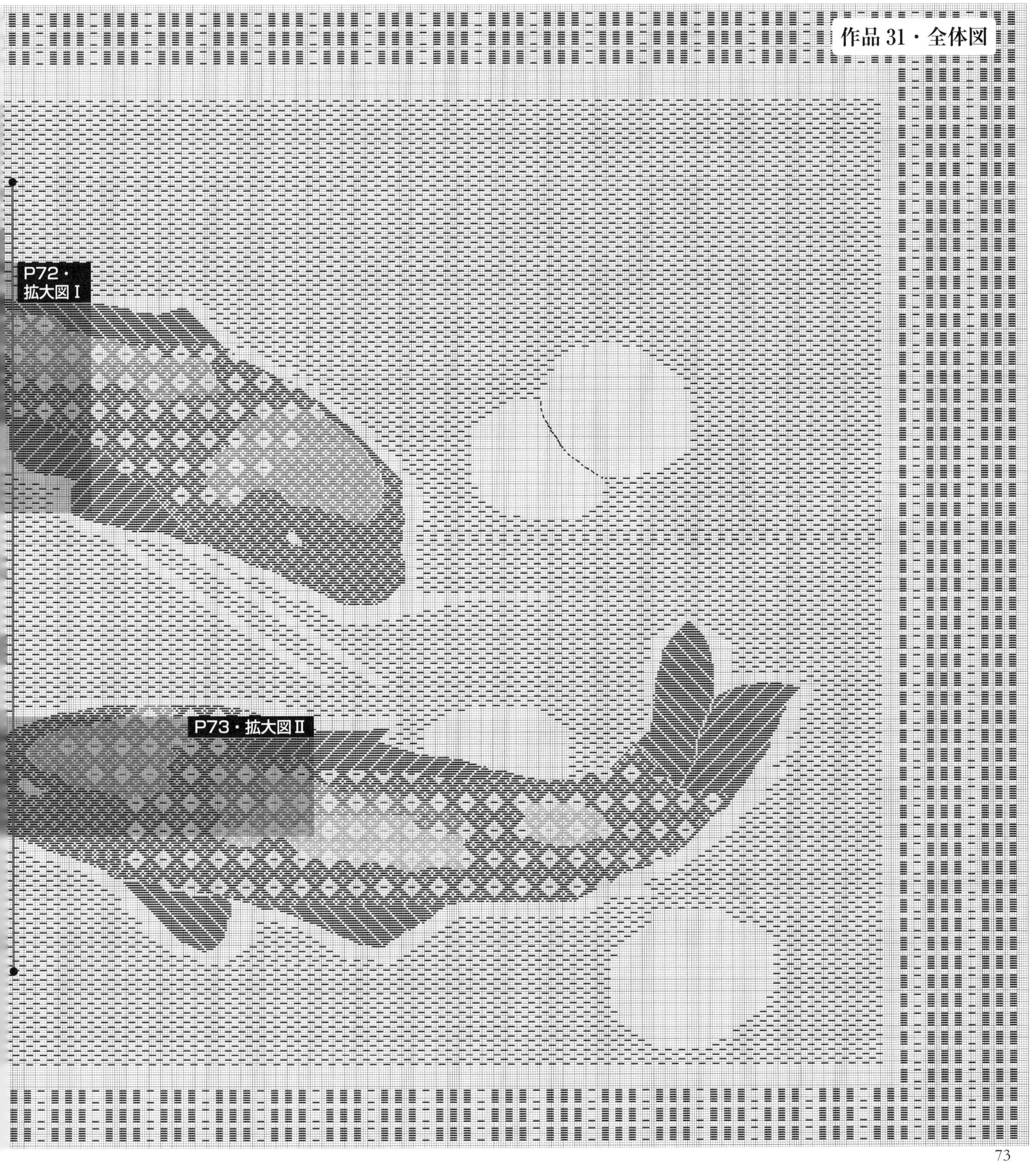
作品 31・全体図
P72・
拡大図Ⅰ
P73・拡大図Ⅱ

作品32 額「着物形」 58 ×41cm／口絵３ページ

拡大図

拡大写真

作品32・全体図
P74・拡大図

作品33 ベスト　50×46㎝／口絵3ページ

後ろ側

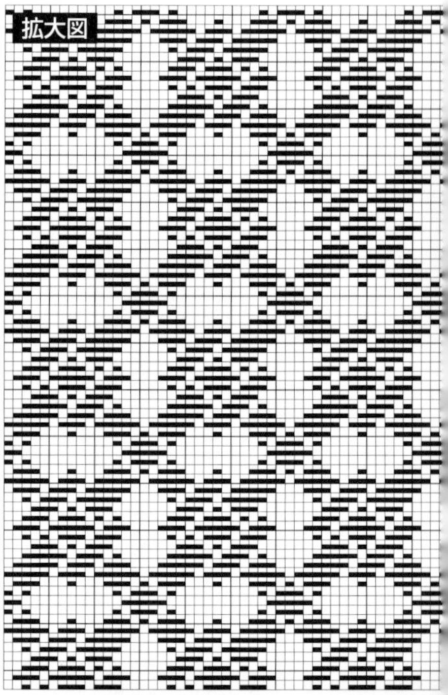

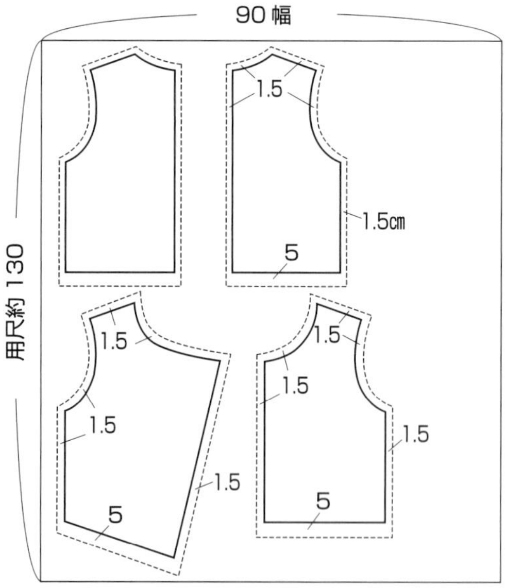

・柄を刺した後に、型紙に従って縫い代を加えて布を裁つ。
・型紙を置く際は、脇縫い、背縫いをするときの柄合わせに違和感が出ないよう取り方に注意する。

柄の合わせ部分

■裁断した後の残りの布は、小さな巾着やポーチなどの小物に活用するとよいでしょう。

〈ベストの型紙寸法〉　単位＝㎝

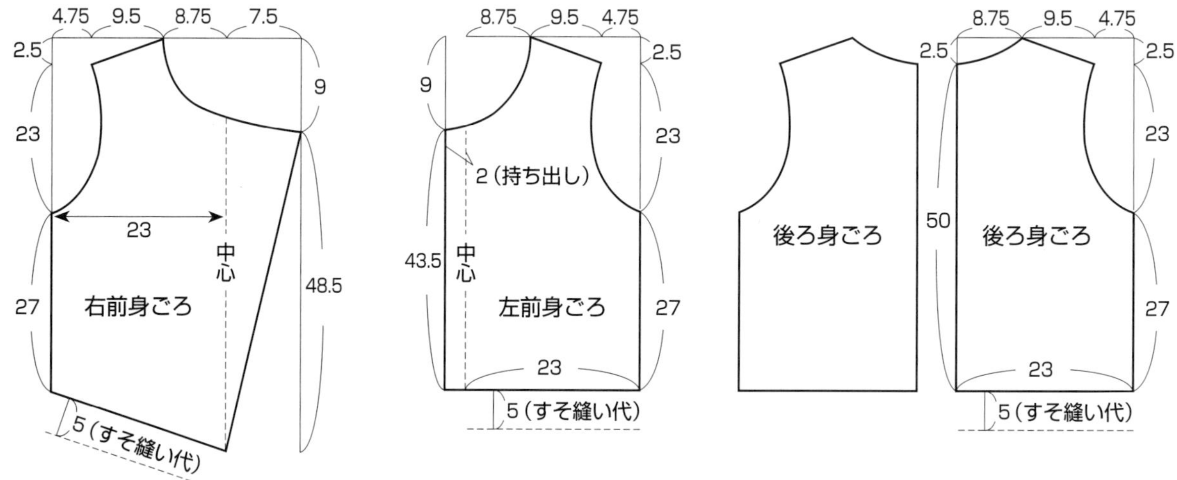

・90cm幅の布に以下の図案を刺す。

※横は布幅いっぱいまで刺します。下図は50cm幅までしか掲載していませんが、布に刺す際は90cm幅まで柄を延長してください。
※縦は各々型紙に必要な分まで柄を延長してください。

作品33・全体図

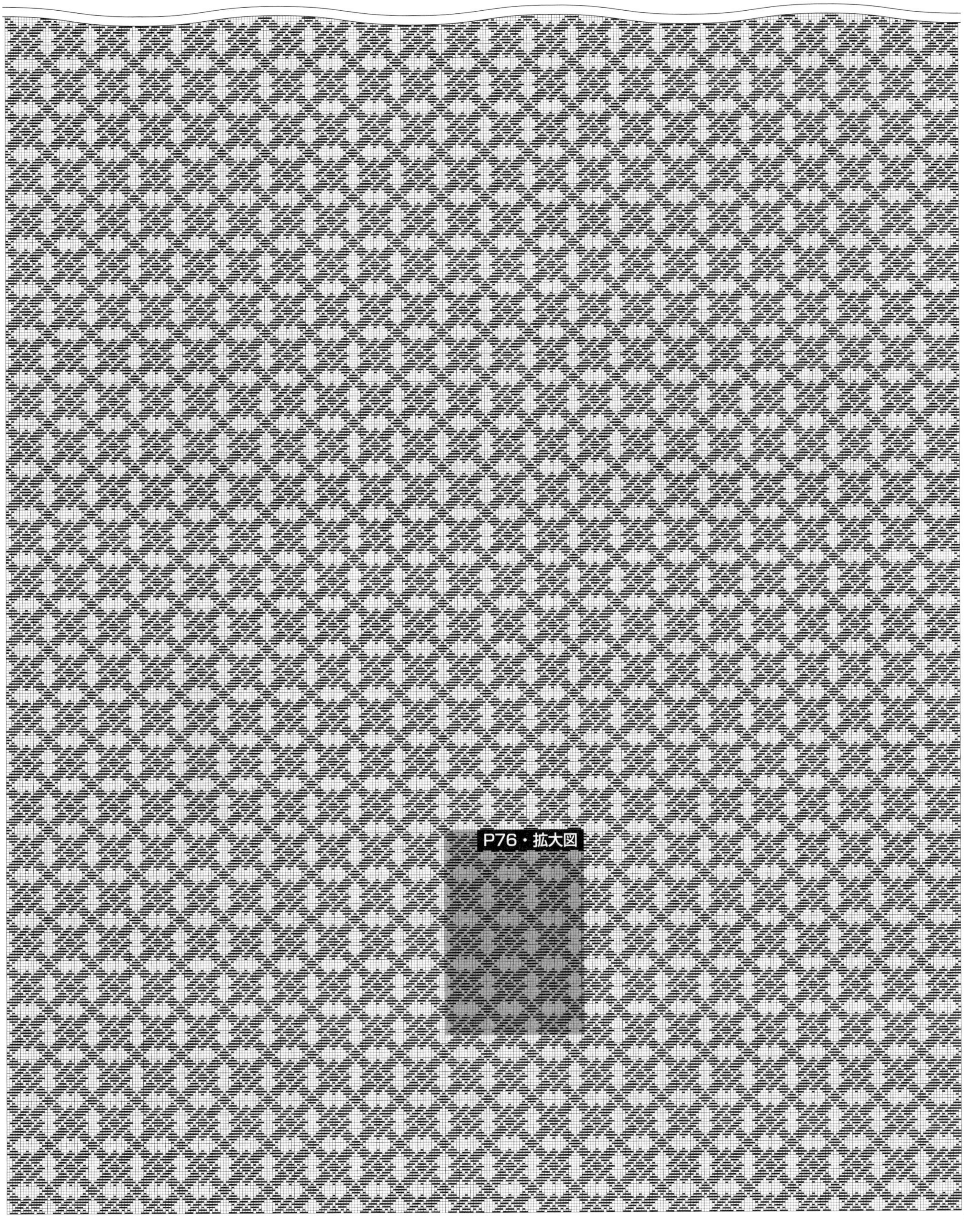

作品34 中人用半纏　65 × 46cm（ゆき 53cm）／口絵２ページ

後ろ側

〈半纏の寸法〉

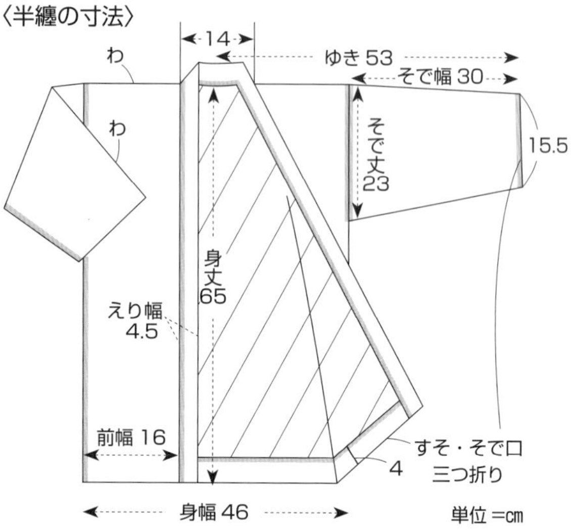

・布幅いっぱいに柄を刺した後、でき上がり寸法に縫い代 2～3 cmを加えた寸法で布を裁つ。
・そで下は 6cm、そでつけ部分は 4.5cmの縫い代をとる。
・そで口は幅 2cm、すそは幅 4cmの三つ折りにする。
・そで山と肩の部分はわになる。

■使用する布地の種類は、綿と麻どちらでも構いません。綿は刺しやすく、麻は着用したとき体にぴったりくるという特徴があります。

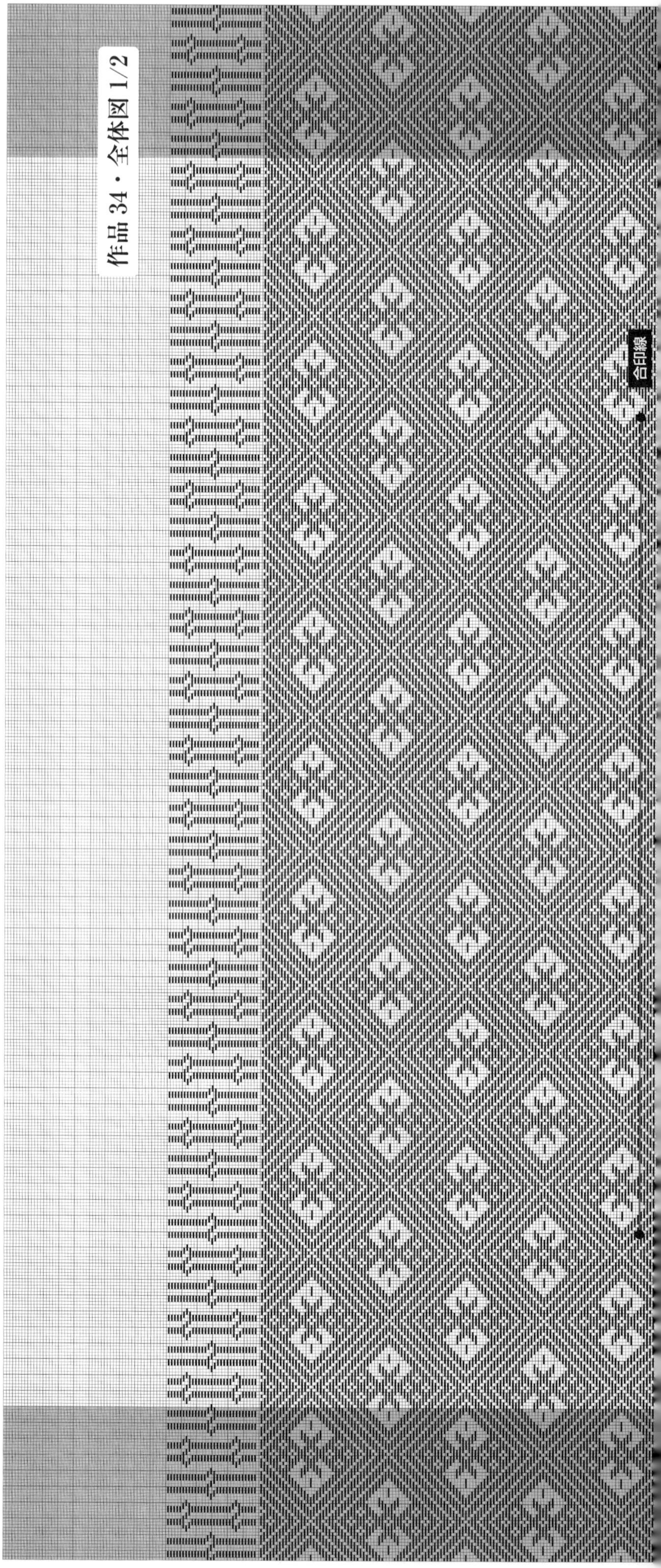

後ろ身ごろ
前身ごろ
合印線・P80へ

※墨色の網伏せ箇所は縫い代や裁ち落としになる部分ですが、目安として使用してください。

作品34・全体図2/2

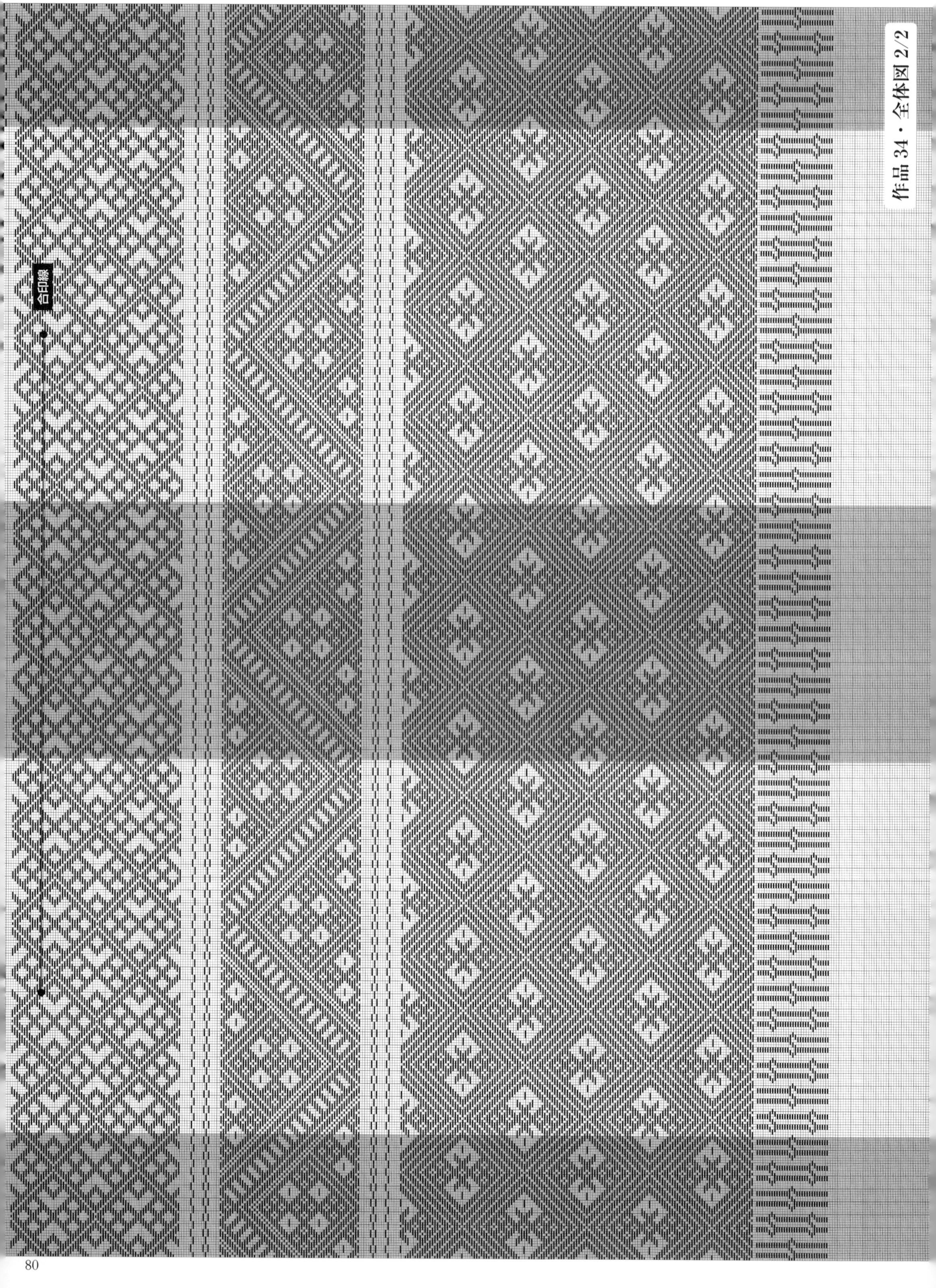

作品 35 小物入れ　9 × 13 × 2.5cm（大）

8 × 11 × 3cm（中）

7 × 9 × 2cm（小）

／口絵３ページ

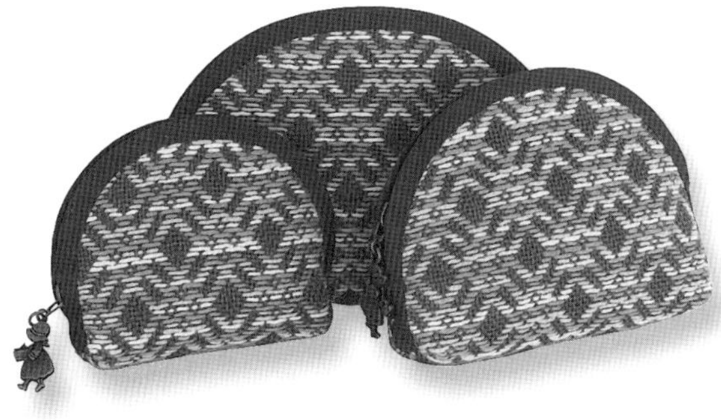

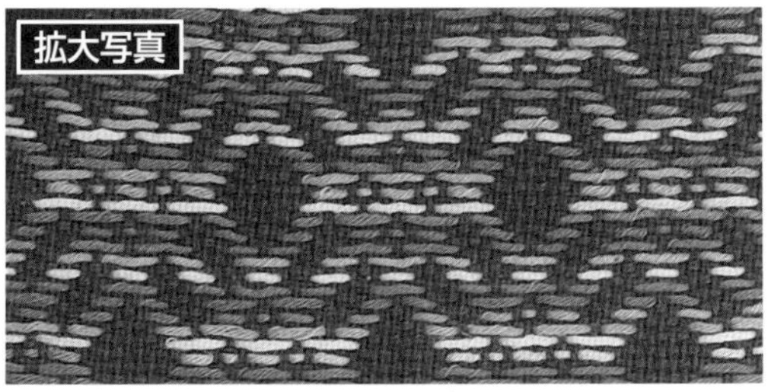

※右は小物入れ（大）の図案です。（中）、（小）は右の図案から適宜大きさに合わせて柄を刺していきます。

作品 36 小物入れ　10 × 11 × 3cm／口絵３ページ

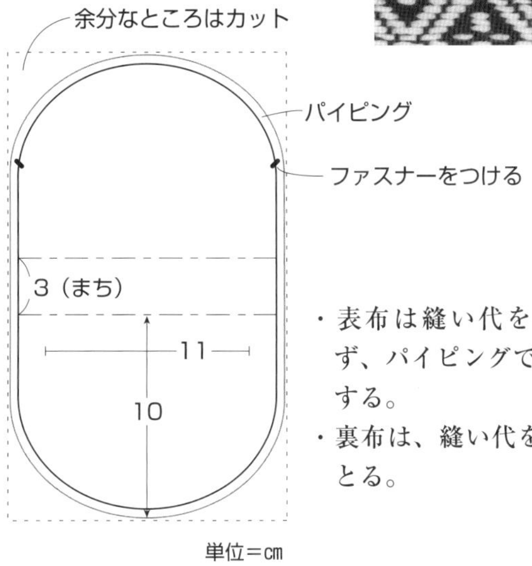

単位＝cm

・表布は縫い代をとらず、パイピングで１周する。

・裏布は、縫い代を１cmとる。

作品37 帯 370×30cm／口絵３ページ

この作品は、表を有職文様風の柄で、裏を網代の柄で仕上げてみました。

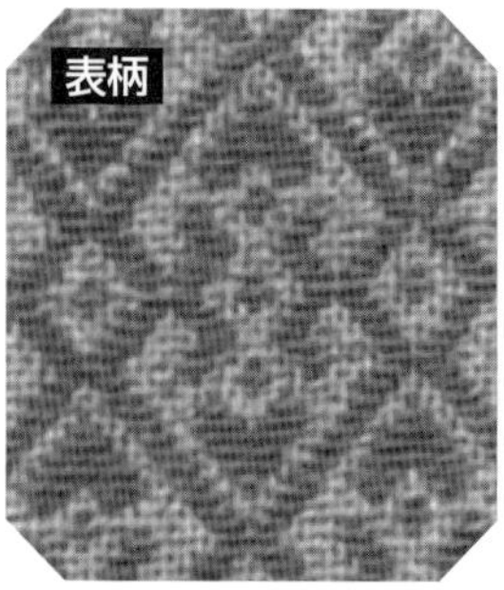

表柄

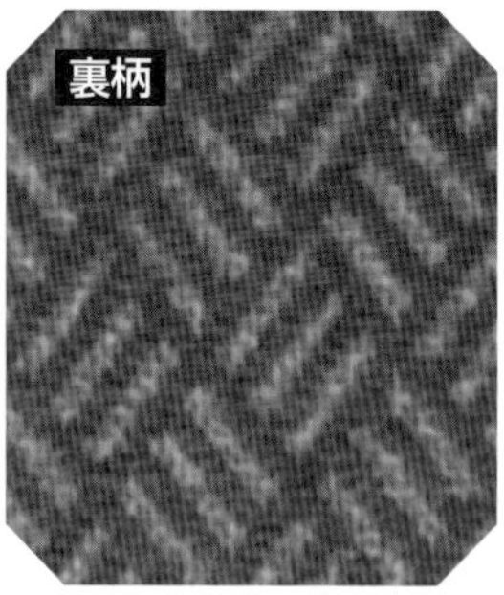

裏柄

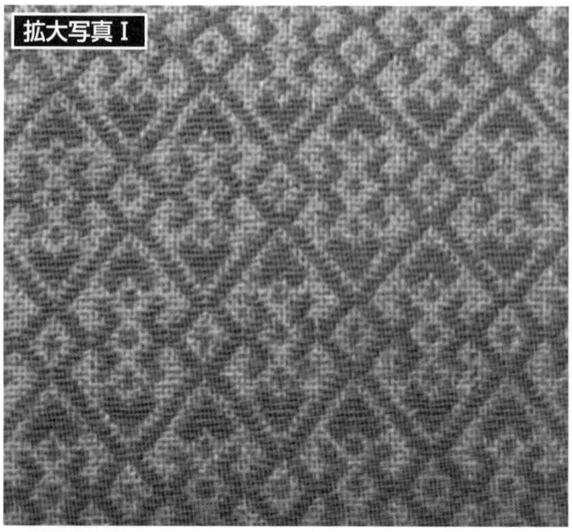

拡大写真Ⅰ

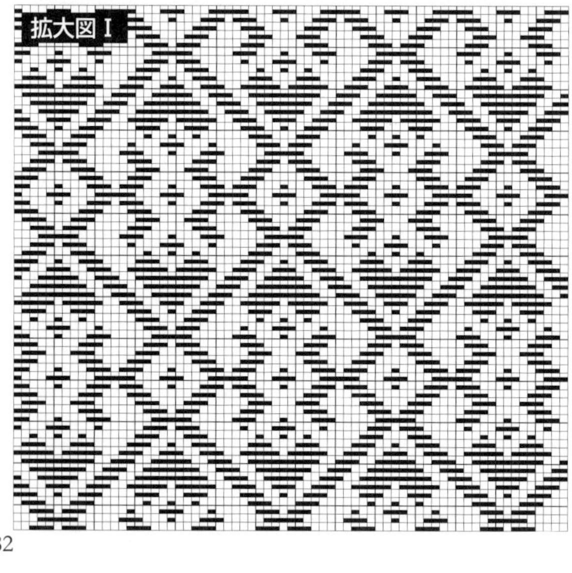

拡大図Ⅰ

※左右の墨色網伏せ箇所は縫い代などになる部分ですが、目安として使用してください。

作品37・全体図(表)

P82・拡大図Ⅰ

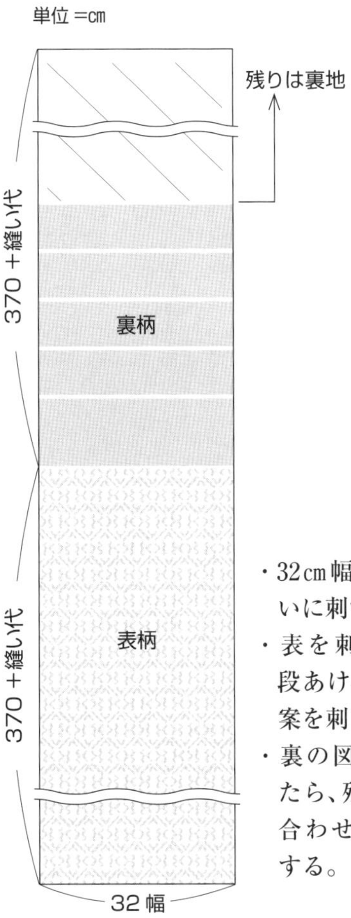

・32cm幅の布幅いっぱいに刺す。
・表を刺し終えたら1段あけ、続けて裏の図案を刺していく。
・裏の図案を刺し終えたら、残りは刺し糸に合わせた色の裏地にする。

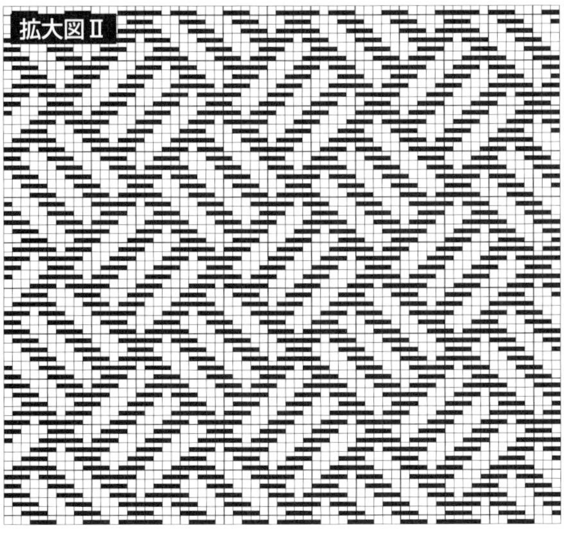

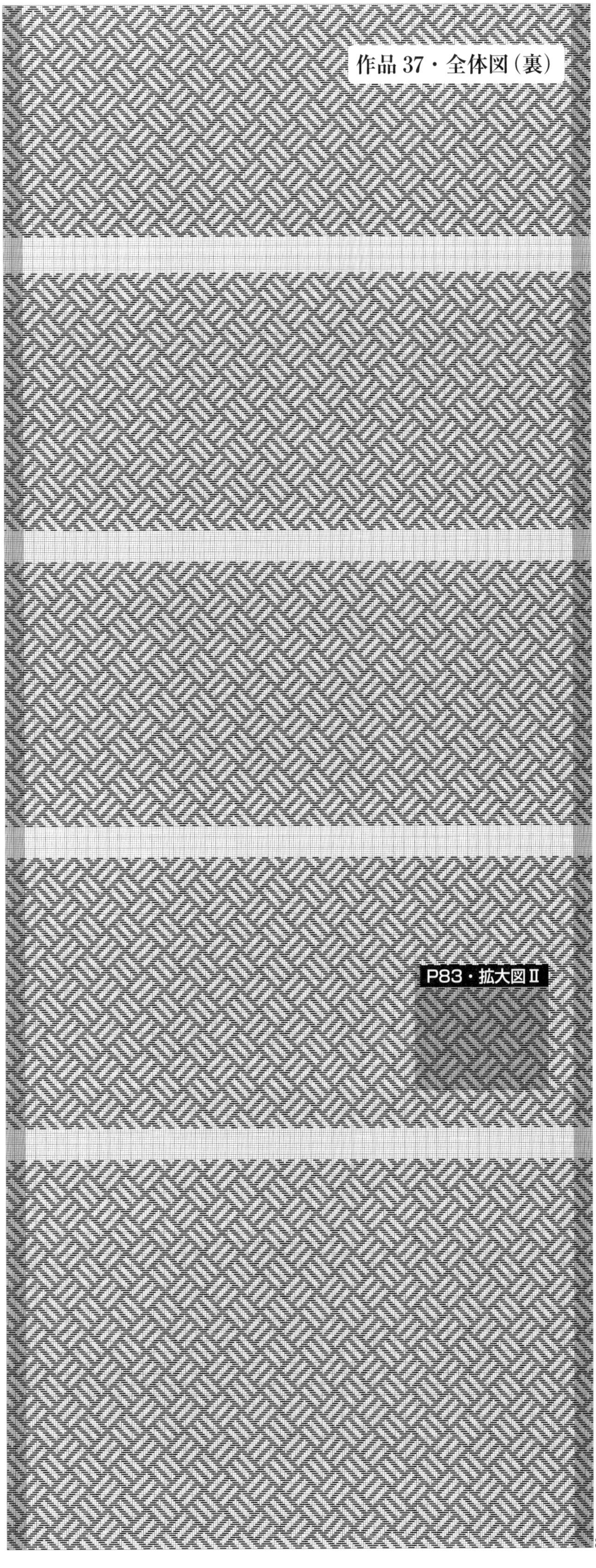

著者紹介

髙木裕子（たかぎひろこ）

■髙木裕子

1967年　こぎん刺しに出会い、独学で刺し始める
1986年　コルマール市（フランス）に於けるNHK文化センター主催日本文化祭参加
1987年　こぎん刺しグループ木曜会創立。リュブリア市（ユーゴスラビア）に於けるNHK文化センター主催日本文化祭参加
1988年　ベオグラード市（ユーゴスラビア）に於けるNHK文化センター主催日本文化祭参加
1989年　横浜みつい画廊にてグループ展を皮切りに、毎年作品展を開催
　　　　ザグレブ市（ユーゴスラビア）に於けるNHK文化センター主催日本文化祭参加
1991年　銀座八木画廊にてグループ展。ザルツブルグ市（オーストリア）に於けるNHK文化センター主催日本文化祭参加
1992年　プラハ市（チェコスロバキア）に於けるNHK文化センター主催日本文化祭参加
1993年　銀座八木画廊にてグループ展
1994年　銀座メルサにてグループ展
1995年　カンヌに於けるエールフランス主催日本文化祭参加
1996年　ブダペスト（ハンガリー）に於けるNHK文化センター主催日本文化祭参加
1998年　銀座八木画廊にてグループ展
2002年　東京都美術館にてJIAC国際美術展に出展、ビッグアーティスト賞受賞、以後会員として毎年参加
2005年　ボルドー市（フランス）に於けるNHK文化センター主催日本文化祭参加
2006年　グラーツ市（オーストリア）に於けるNHK文化センター主催日本文化祭参加
2007年　ローザンヌ市（スイス）に於けるNHK文化センター主催日本文化祭参加
2008年　マドリード市（スペイン）に於けるNHK文化センター主催日本文化祭参加
2009年　銀座松島ギャラリーにてJIAC国際美術展に出展（毎年作品展示）、第1回日仏文化交流展パリにて主催
2010年　悠美会国際美術展出展。ワルシャワ（ポーランド）に於けるNHK文化センター主催日本文化祭参加（現在、NHK国際交流祭に名称変更）。日本橋髙島屋 こぎん刺し作品展（女の手仕事）～永六輔こぎん刺しコレクション展示～
2011年　第2回日仏文化交流展パリにて主催（第2回美術作家交流展 名称変更）。ブレーメン（ドイツ）に於けるNHK文化センター主催日本文化祭参加
2012年　こぎん刺し木曜会株式会社設立。人形町教室開講。こぎん刺し木曜会人形町教室講師。NHK文化センター青山教室講師。石巻グランドホテルに東日本大震災慰問として友人（浅井紀子、草田弘子、長田百合子）等と共にそれぞれ作品を寄付し、こぎん刺し作品（髙木裕子）は数十点を寄贈
2013年　フィレンツェ市（イタリア）に於けるNHK文化センター主催国際交流展参加
2014年　日本橋髙島屋こぎん刺し作品展（女の手仕事）～永六輔こぎん刺しコレクション展示～。コルマール市（フランス）に於けるNHK文化センター主催第28回国際交流展参加
2015年　東京都美術館にて悠美会国際美術展に出展

現　在　こぎん刺し木曜会主宰、こぎん刺し普及会代表、 悠美会副理事、日仏文化交流展代表。NHK文化センター講師（青山、人形町、町田、柏、ユーカリが丘、横浜、名古屋）、神戸新聞文化センター講師（三宮、姫路）、読売日本テレビ文化センター講師（大森）、リビングカルチャーセンター講師（静岡）、取手カルチャーセンター（取手）
著　書　「～ちょっと素敵なインテリア～こぎん刺し」
　　　　「伝統のこぎん刺し　こぎん刺し図案集165パターン」
　　　　「伝統のこぎん刺し　続・こぎん刺し図案集118パターン」（以上、マコー社刊）

■制作協力者（五十音順）

我妻　恵子・石倉　厚子・石原由起子・大橋　彰子・川上　和子・木下　昌代・高来　敦子・佐藤　直美・柴山　瑞枝
鈴木里恵子・田中　善子・田原　和子・千代岡えりか・徳田　禮子・富山香穂里・二木　幸子・羽田　州子・母里　悦子
藤本　清香・細谷　悦子・室井　昭子・山田　芳江・結城　裕子

（犬と向日葵のカット：増田孝機）

■伝統のこぎん刺し■

こぎん刺し作品図案集 -I-

著　者　髙木 裕子
発行者　田波 清治
発行所　株式会社 マコー社
　　　　〒113-0033 東京都文京区本郷4-13-7
　　　　TEL03-3813-8331　FAX03-3813-8333
　　　　郵便振替／東京 00190-9-78826
印刷所　大日本印刷株式会社
編　集　菊地小夜子　田波美保

平成27年5月19日 初版発行

ISBN978-4-8377-0115-6　定価はカバーに表示してあります。落丁・乱丁その他不良の品は弊社でお取り替えいたします。